JN064615

100話で心折れるスタートアップ

著 えい
執筆 佐々木真

日本能率協会マネジメントセンター

はじめに

スタートアップは9割が死にます。

スタートアップの成功を上場もしくは売却することとした場合、そこにたどり着ける割合は10％もありません。さらに、起業後5年経ったスタートアップが生き残っている確率は15％程度です。

しかし、メディアなどで見かけるスタートアップの話は、業績の良い会社や成功した起業家の話ばかりで、まったく目が出なかった会社や大失敗した起業家の話はほとんど外に出てくる事はありません。大半の会社が成功できずに沈んでいくにも関わらずです。

さらに付け加えれば、スタートアップが直面する問題は実はほとんど同じ内容なのです。もはや「スタートアップあるある」とも言えるくらい、大抵のスタートアップが「同じような問題」に、「同じような時期」にぶつかります。

ベンチャーキャピタルなどの投資家や政府が、驚くほど支援の姿勢を見せている中、スタートアップの正の面しか知ることができない状況は健全とは言えません。負の面も同様に知ることができる方が、これから挑戦をする人にとってフェアであり、あるべき環境だと考えています。

このような状況から、スタートアップを学生起業し、代表取締役を経験した筆者が、その失敗経験を共有できればと思い、ツイッターではじめたマンガが、この『100話で心折れるスタートアップ』です。本書は、その『100話で心折れるスタートアップ』の各話に詳細な解説や後日談を追加して書籍化したものです。

ツイッターでの連載時、「リアリティがすごい」と評価していただきましたが、それもそのはず、エピソードの半分以上が実際に体験した話で、残りが周囲の起業家仲間の話で構成されています。つまり、本書は若手スタートアップ起業家、もしくはスタートアップ立ち上げに興味がある方が、スタートアップでのリアルな問題や失敗を追体験できる内容になっています。

ツイッターでマンガを読んだことがある方は、そのまま後日談まで一気に読んでください。しかし、初見の人は一旦解説を飛ばして、マンガだけを読み、自分ならどうするか考えてみてください。その後に、あらためて解説も含めて読み返すと自分ごととして体験した後に、解説を見た方が腹落ちしやすいためおススメです。

失敗しやすい場所が同じでも、その避け方はさまざまあるため、各解説はあくまで一つの意見と捉え、ご自身ならどうするか考えてみてください。

また、各話解説は筆者以外に、ツイッターでも解説いただいた連続起業家の佐々木さん（@shin_sasaki19）や、劇中の登場人物であるイヌさん（のモデルになった方）にも書いていただいたほか、同じく連続起業家のけんすうさん（@kensuu）にご寄稿いただきました。ありがとうございます！

なお、言うまでもなくこのマンガはきくちゆうきさんの『100日後に死ぬワニ』（小学館）という作品を参考にしています。もちろん、ネガティブな意図はまったくなく、この「最終的に失敗するスタートアップの話」を書く上でこれ以上ないベストなフォーマットだったため、敬意を持って引用させていただきました。

最後に、この本を読んでいただいた上で、それでも起業がしたいという方はしっかりと解説も読み、準備を整えて挑んでください！　逆に読後にスタートアップは自分には向いていないと感じる場合、おそらく起業しても苦しさが勝ってしまうのではないかと思います。自分の適性を判断する材料としても、ぜひ活かしてもらえたら幸いです。

長くなりましたが、それでは本編をお楽しみください！

2023年4月　えい

CONTENTS

第1章 創業期

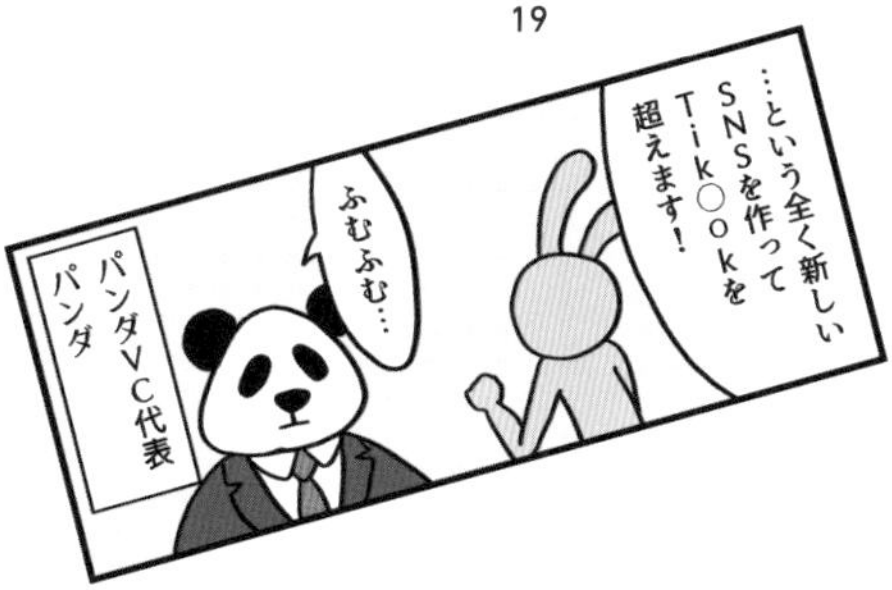

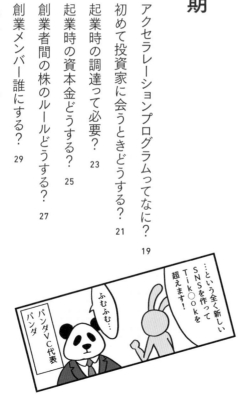

ということで 今日からイヌさんが 入社されます！
An○roid エンジニアの イヌです これからよろしく お願いします！

第2章 変遷期

スタートアップは文化祭の準備がずっと続いている感覚って聞くけど
今まさに実感してるずっとワクワクですごく楽しい…！
折れるまであと76話

大丈夫なんだ
誰が なんと言おうと 絶対に大丈夫な はずなんだ…！
折れるまであと60話

第3章 邁進期

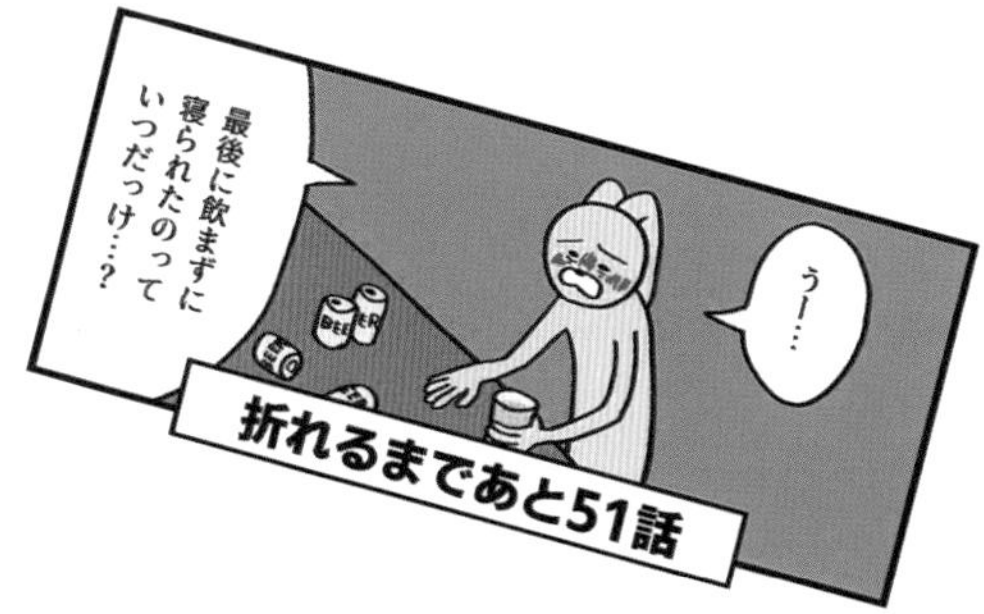
う……
最後に飲まずに寝られたのっていつだっけ…？
折れるまであと51話

じーん

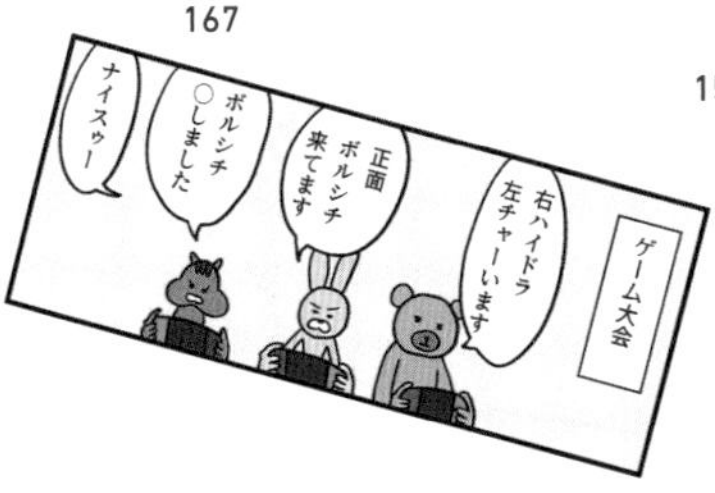
ゲーム大会
右ハイドラ 左チャーいます
正面 ボルシチ 来てます
ボルシチ ○しました
ナイスゥー

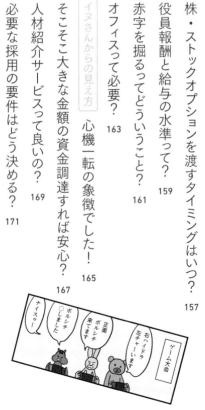

第4章 終幕期

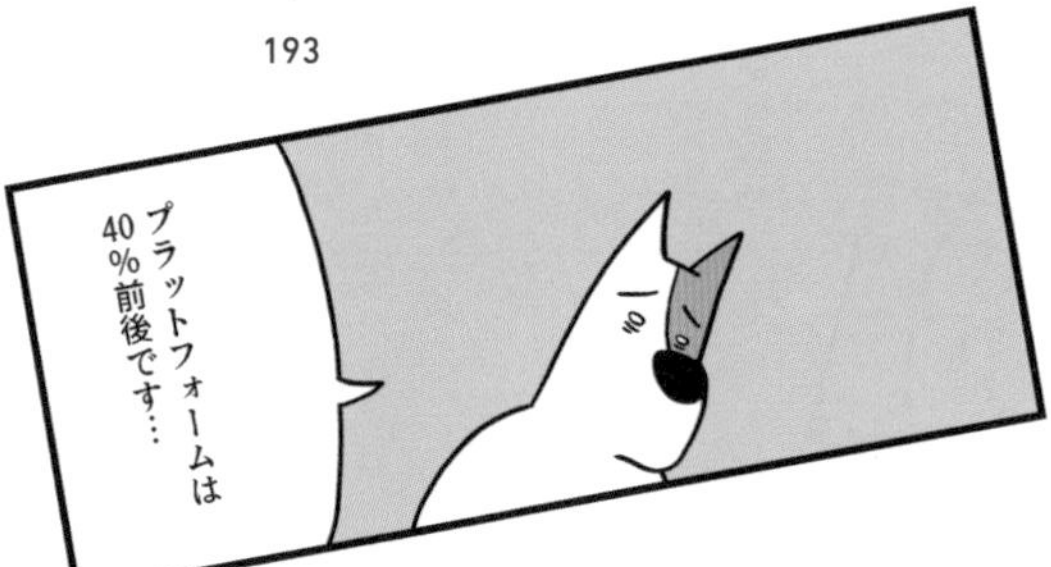

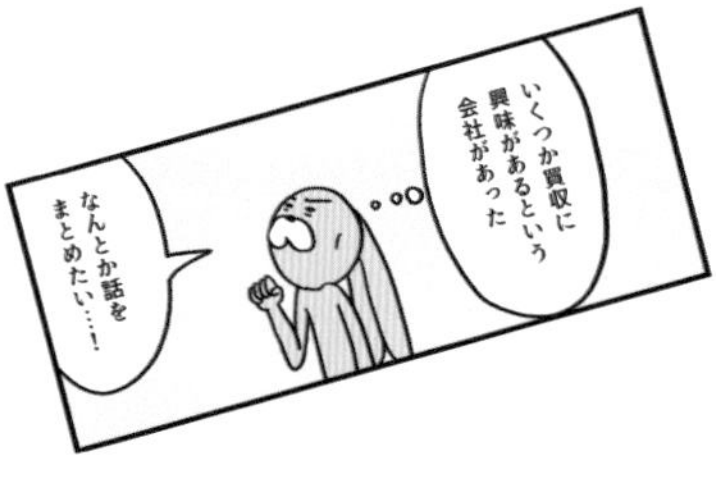
いくつか買収に興味があるという会社があった
なんとか話をまとめたい…！

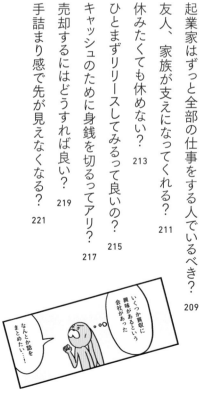

第5章 その後

▶▶▶主なキャラクター紹介

ウサギ

（ウサコア／CEO）

M大学生。たまたま目にしたアクセラレーションプログラムをきっかけに、スタートアップを創業する。

コアラ

（ウサコア／CTO）

M大学生。同じ起業サークルにいたウサギに誘われ、株式会社ウサコアの共同創業者となる。

カエル

（ウサコア／企画）

M大学生。起業サークルのメンバーが起業したという話を聞き、参加を申し出る。

オオカミ

（ウサコア／企画）

M大学生。カエル同様ウサコアの噂を聞きつけ、企画職として参加する。

イヌ

（ウサコア／エンジニア）

転職組。ピッチイベントでウサギのピッチを見てウサコアに興味を持ち、入社を決める。

パンダ

（パンダVC／代表）

ウサコアがアクセラレーションプログラムに参加することを認め、同社に投資を行う。

ウサミ

（ウサギの彼女）

M大学生。会社とは離れたポジションでウサギの奮闘をサポートする。

第1章

創業期

第1話

M大起業サークル
起業したい…
だけどお金がなー
お、これ見て！
なに？
アクセラレーション
プログラム…？
…700万円投資で
起業後の支援も！
大チャンスじゃん！
パンダVC
アクセラレーション
プログラム
概要
投資額700万円
起業の半年間のサポートあり
応募して2人で
起業するぞー！
折れるまであと99話

アクセラレーションプログラムってなに？

アクセラレーターという支援団体による起業支援プログラムのことです。定期的に募集がかかり、参加すると起業時の立ち上げの支援をたくさん受けられます。例えば先輩起業家を呼んで話してもらう、外部の投資家を紹介してくれる、創業時の手続きを手伝ってくれる、などの支援があります。

最近は特定の業界・業種に特化したプログラムも多く、より手厚く支援が受けられるかもしれません。参加したから絶対に成功する、ということはもちろんありませんが、学生や起業に勘所がない、という方は応募してみるのもアリだと思います。

ただし、ベンチャーキャピタル（以降ＶＣ）からの提案で、こちらに不利な条件で投資を受けないとプログラムに参加できないとか、応募された事業はプログラム側が権利を持つとか、良くない実例もあります。鵜呑みにせず事前に条件や内容をきちんと調べ、自分で考えて判断しましょう。（えい）

用語

アクセラレーションプログラム……スタートアップの立ち上がりや事業拡大を支援する、一連の取り組みのことです。規模や形式はさまざまですが、多くのプログラムは創業初期もしくは創業前のチームを対象としています。なお、プログラムの主催者のことはアクセラレーターと呼びます。

第2話

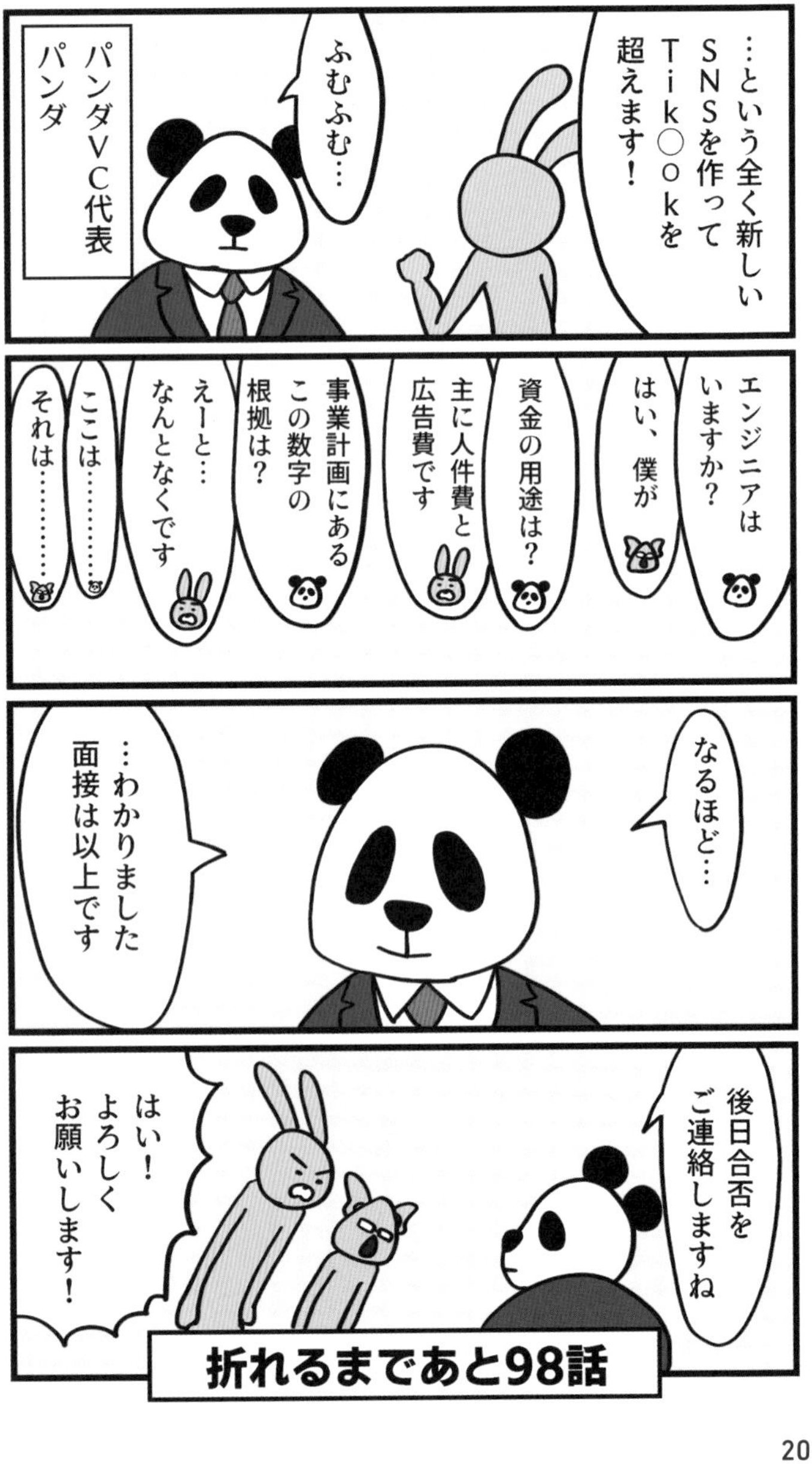
…という全く新しいSNSを作ってTik◯okを超えます!
ふむふむ…
パンダVC代表
パンダ
エンジニアはいますか?
はい、僕が
資金の用途は?
主に人件費と広告費です
事業計画にあるこの数字の根拠は?
えーと…なんとなくです
ここは…………
それは…………
なるほど…
…わかりました面接は以上です
後日合否をご連絡しますね
はい!よろしくお願いします!
折れるまであと98話

初めて投資家に会うときどうする？

株式による資金調達をする場合、起業前後にエンジェル投資家やＶＣに連絡することになります。調達時に必要な情報は、チーム構成、既存株主、やろうとしている事業内容、解決したい課題、事業がうまくいく論拠、投資希望金額と条件、事業計画書、資本政策などです。ボリューミーなように見えますが、要は「誰が」「何を」「どうやってやる」が説明できればＯＫなので、いま考えていることを素直にまとめていきましょう。

また、「投資家に連絡を取ったけど返信がない……」ということも当然あります。投資を見送られたという場合も考えられますが、そもそも情報不足で会うかどうかの判断ができない場合も多いように思います。いきなり、「起業します、絶対儲かるので投資してください！」とだけ連絡が来ても、返信しようとは思わないですよね？ 逆に長大な資料をいきなり渡しても、それはそれで読まれません。きちんと過不足ない情報を渡しましょう。

（えい）

用語

ベンチャーキャピタル……未上場のスタートアップやベンチャー企業に出資し、その企業が上場もしくは買収された際、値上がりした株を売却してリターン（キャピタルゲイン）を得ることを目指す企業もしくはファンドのことです。よくＶＣと省略して呼ばれます。

第3話

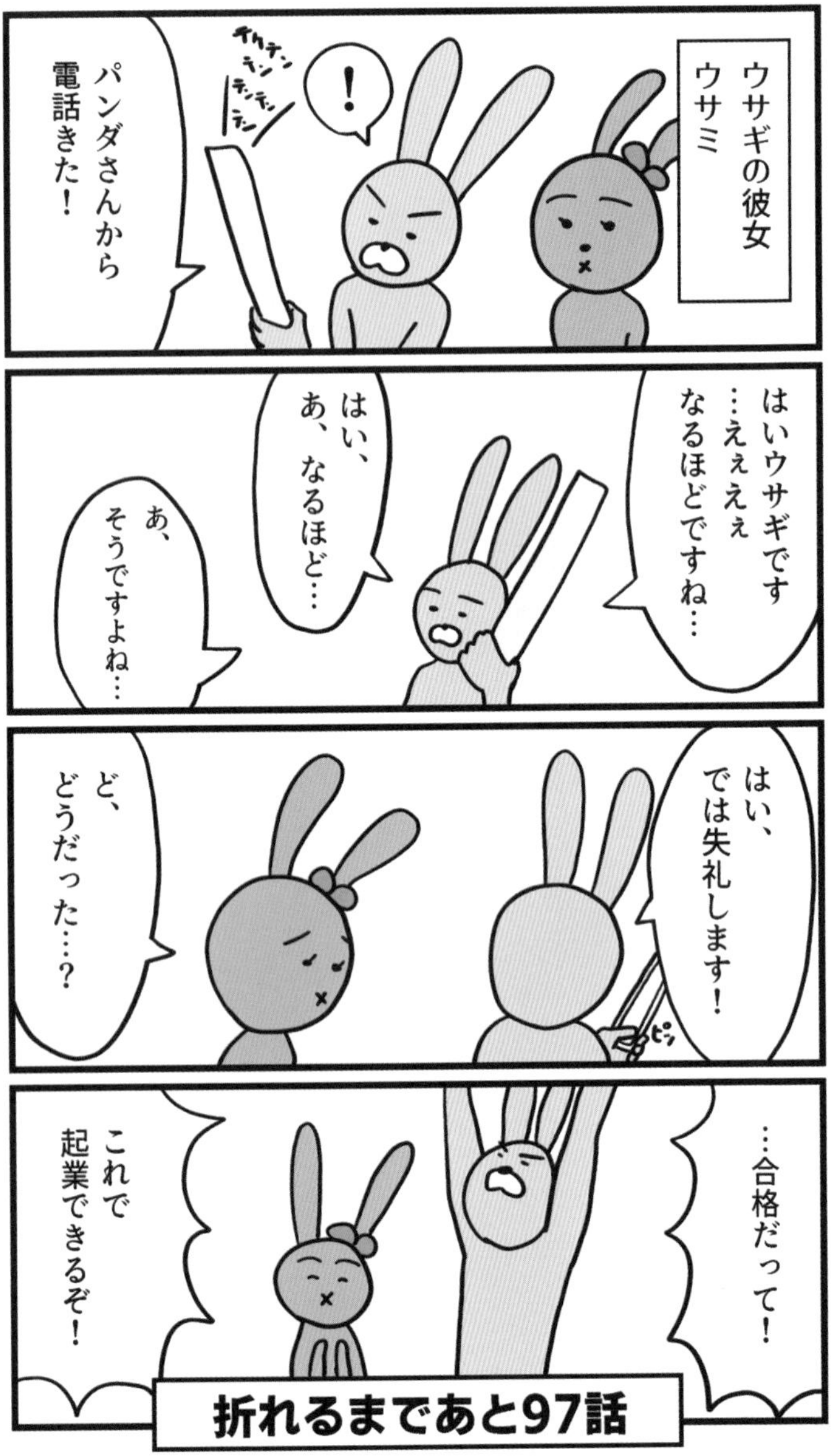
ウサギの彼女
ウサミ
！
パンダさんから
電話きた！
はいウサギです
…えぇえぇ
なるほどですね…
はい、
あ、なるほど…
あ、
そうですよね…
はい、
では失礼します！
ど、
どうだった…？
…合格だって！
これで
起業できるぞ！
折れるまであと97話

起業時の調達って必要?

ウサギさんは「投資してもらえるから起業ができる」と考えましたが、起業時に必ず投資を受ける必要はありません。投資を受けずに自己資金だけでスタートする選択肢も当然あります。どちらかが優れているわけではないので、どちらの方が会社にとって有益かを考えましょう。

さらに言えば、投資を受けるべきかどうかの前に、会社を作るべきかについても事前に検討すべきです。創業初期の活動、例えばアイデアのニーズ検証などは会社を作らなくても、学生生活や仕事しながらでも十分にできます。「スタートアップを創業した!」「VCから資金調達した!」ということがかっこよく見える感覚はあると思いますが、可能な限り小さくスタートし、資金調達は必要に応じて行う事を意識しましょう。サービス作りを軌道に乗せてから会社を登記すれば、ローリスク・ハイリターンが期待できます。

(えい)

用語

エンジェル投資家……未上場のスタートアップやベンチャーに出資する個人投資家のことをエンジェル投資家、もしくはエンジェルと呼びます。VCと比べると交渉にかかる時間は短いですが、調達できる最大額は少なくなることが多いです。

第4話

投資実行前に会社を作っておいてね
って言ってたので、色々決めていこう！
まず資本金か
後で投資入るし、ひとまず1万円でいいんじゃない？
2人で共同創業だし、5000円ずつ出すでいいよね？
そうだね、じゃあ株も50%ずつ持つ形で
給料は？
出ていくお金減らしたいし、…5万円くらい？
OK
オフィスは？
パンダさんがプログラム参加企業向けにシェアオフィス用意するって
へー
あと会社名どうする？
…2人の名前取ってウサコアは？
…違うの考えない？
折れるまであと96話

起業時の資本金どうする？

50％ずつの出資比率、低すぎる資本金や役員報酬など、地雷原を裸足でダンスする回です。最もやってしまいがちなのに一番危険な失敗は出資比率です。一緒に始めた会社だから株も対等に分けたいという感覚はよく分かるのですが、最悪の場合、事業が順調でもこれのせいで会社が詰みます。株式会社での意思決定は株の持ち分による多数決で行いますが、株の持ち分が50％ずつだと一人では過半数を超えられないため、創業者なのに一人では何も決められない状態になります。

また、資金調達をして外部の人に株を渡すと、この持ち分はさらに減っていきます。創業者の持ち分が少ないと第三者が株の持ち分を増やしやすくなるため、出資者に悪意があれば51％以上の株を入手されて、会社の経営権を奪われる事態になりかねません。資本政策はこういった罠が多い割に、変更が非常に難しいため、創業メンバーが納得できる範囲で創業者に株を寄せる事をおすすめします。

（えい）

用語

資本政策……主に事業計画を達成するために必要な資金調達や、それにより株主構成がどう変わるかの計画のことを指します。これには創業時の出資比率や調達ごとに何％株を放出するか、ストックオプションプールはどのくらいにするか、といった要素が含まれます。

第5話

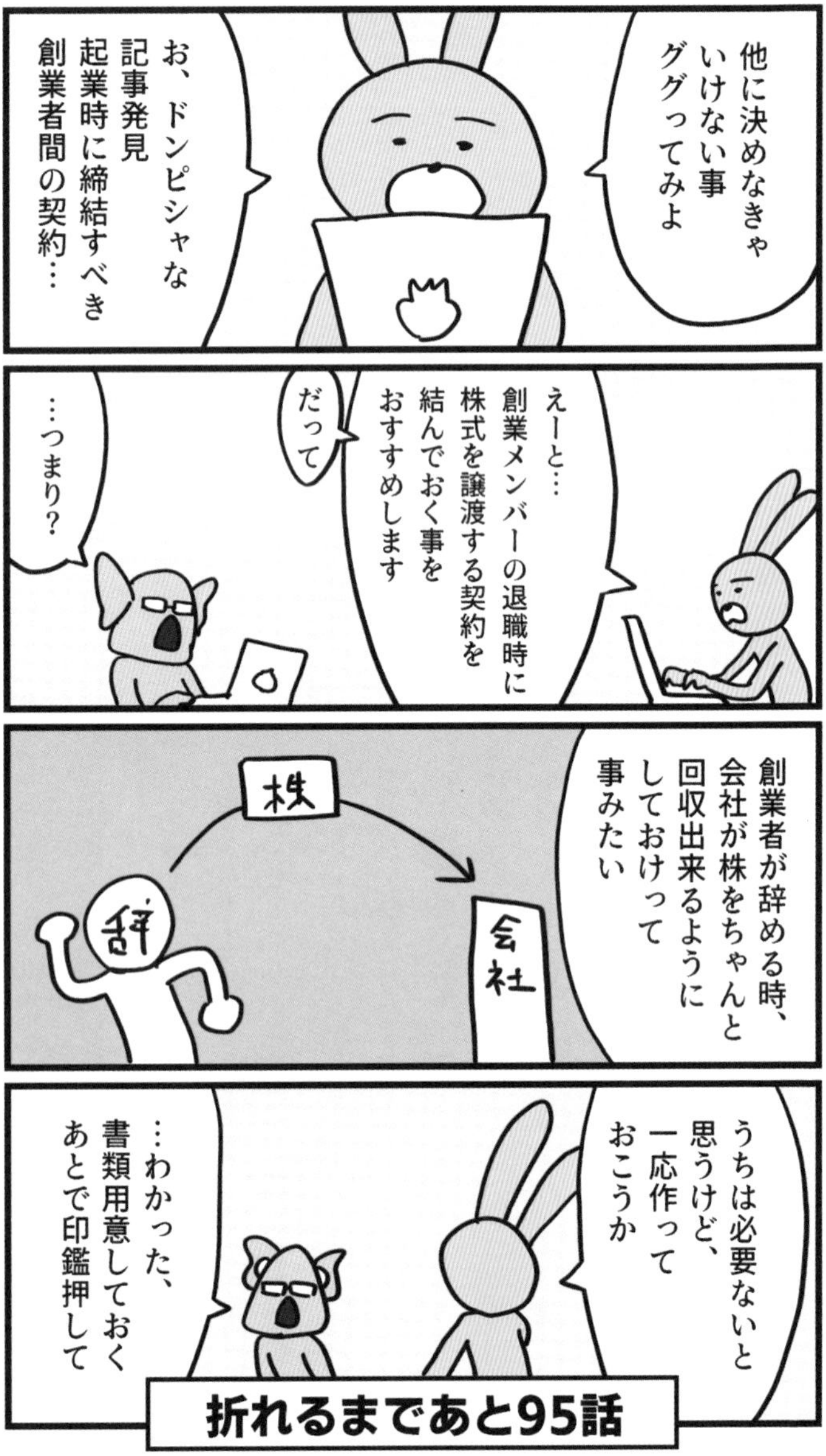

他に決めなきゃいけない事ググってみよ
お、ドンピシャな記事発見
起業時に締結すべき創業者間の契約…
えーと…創業メンバーの退職時に株式を譲渡する契約を結んでおく事をおすすめします
だって
…つまり？
創業者が辞める時、会社が株をちゃんと回収出来るようにしておけって事みたい
株
辞
会社
うちは必要ないと思うけど、一応作っておこうか
…わかった、書類用意しておく
あとで印鑑押して
折れるまであと95話

創業者間の株のルールどうする?

ウサコアのように、創業メンバーが退職した時の株の取り扱いについてはできるだけ対応を決めて契約しておきましょう。仮に株を40%持っているメンバーとケンカ別れしたとすると、何も取り決めがなければこのメンバーが株を持ったまま退職します。つまり、険悪な関係の部外者が大株主である状態になります。大株主なので意思決定を行う時には都度連絡を取る必要がありますが、協力的ではないでしょうし、前話にあったような悪意のある第三者に株を売って会社を乗っ取らせる事もできます。もし、うまくＩＰＯできたとしても、何もしていない人が自分たちの何十倍ものリターンを持っていくとなると、社員のモチベーションにも大きく影響します。

こういった事態を防ぐため、株式譲渡契約は必ずしましょう。なお、退職時に持ち株をすべて譲渡する以外に、在籍年数によって数%をといった形もあり得るので、よく検討・相談した上で内容を決めてください。

（えい）

用語

ＩＰＯ……Initial Public Offeringの略語で、主に株を投資家に売り出し、証券取引所に上場することを指します。未上場企業がＩＰＯするといわゆる上場企業になります。スタートアップの多くはこのＩＰＯを目指すことになります。

第6話

M大起業サークル
…はい、はい
ありがとう
ございます！
失礼します
登記完了したって！
これで正式に
会社ができたよ！
あ、いたいた
今ちょっといい？
?
会社
作ったんだって？
僕たちも
参加させてくれない？
本当？もちろん！
この4人で
株式会社ウサコア
スタートだ！
CEO
ウサギ
CTO
コアラ
企画
カエル
企画
オオカミ
折れるまであと94話

創業メンバー誰にする？

事業に対しモチベーション高く同じ方向を向けるメンバーを迎えるべきなのは何となくわかると思いますが、その上でスキル・経験や自分との相性で判断しましょう。事業にもよりますが創業メンバーには「自分とスキル・経験が被らない人」を選びましょう。同じスキル持ちばかりが集まっていても価値が出せませんし、事業推進に足りないスキルも補えません。例えば創業メンバーが全員企画職だとそもそもサービスが作れません。スキルを補い合える、隙のないチームにしましょう。

また、起業家との相性も同じく重要です。特に創業メンバーは長時間ストレスフルな環境に晒されるので、引っかかる部分があるとそのモヤモヤがストレスをさらに増大させ、些細な事を火種に変えます。知人の会社ではトイレの掃除頻度が合わないせいでチームが険悪になっていました……。少しでも違和感がある場合は事前に原因を潰し、潰せなければ入社を断るべきだと思います。（えい）

用語

株式会社……株式を発行して資金を募り、そこで得た資金で経営を行う会社の形態の一つです。会社形態には他に合同会社や有限会社がありますが、基本的に株式による資金調達が可能なのは株式会社だけなので、スタートアップは大抵の場合、株式会社として設立されます。

第7話

アクセラレーション
プログラム
初日
ざわ ざわ
いっぱいいる…
これみんな起業家
なんだ
あ、パンダさんだ
はい、では皆さん
こちらを見て
ください
まずはプログラムへの
参加おめでとう
ございます!
ここにいるメンバーは
みんな起業家同期です
切磋琢磨して
事業を進めてください
半年間の
プログラムの
最後には、
投資家に対して
ピッチをして
いただきます
まずはそこに
向けて
頑張ってください!
折れるまであと93話

起業仲間って大切？

起業家としての同期、自分と同じ時期に創業した起業家のことですが、皆さんが思う以上に貴重であり重要な存在です。よく言われる事ですが、起業家の悩みは起業家にしか理解できないことが多いです。ほとんどの起業家は、社内では相談できない、投資家など利害関係者にも聞かせたくない不安や悩みを持つようになるのですが、こういう時に起業家仲間がいれば利害関係なく同じ課題を共有・相談できたりと、スタートアップという果てしない旅路を進むうえでの大きな支えになります。

ちなみにこのマンガはまず11話まで書いてからツイッターへの投稿を始めたのですが、最初の数話はまったくと言っていいほど反響がなく焦っていたところ、起業家仲間に「食いつきの良さそうな11話までまとめて投稿してみたら？」とアドバイスをもらったりしていました。実際まとめて投稿したら少しずつ反響が増えていき、結果として大勢の方に届いたので、「起業家仲間、最高だな！」と思いました。

（えい）

用語

ピッチ……主に投資家等に対し、自社や自社サービスをプレゼンテーション形式で紹介することをピッチと呼びます。ピッチは基本的に資金調達を目的として行われますが、メディア露出を獲得することや、一般向けのイベントで良い人を採用することを目的としている場合もあります。

第8話

プログラム説明会後の懇親会
せっかくだし、いろんな人に話を聞いてみよう
あ、こんにちはー
どんな事業をやるんですか？
うちはＡＩを使ったＳａａｓの改善ソリューションを提供する予定です
すごそう…
私は高身長の方向けのアパレルをやります
私自身困ることが多くて…これを解決したいんです
すごい納得感ある…
みんなすごい、負けてられない！
うちも頑張るぞ！
折れるまであと92話

VCはスタートアップに何を期待している？

一口に起業といっても、スタートアップから個人事業、子会社立ち上げなどいろいろな形態があり、その目指すところもさまざまです。エクイティでの資金調達を考えているスタートアップの場合、自分達がやりたいこと以外にも求められる事が増えていきます。投資家やVCは、事業を通じて実現した世界が素晴らしいものだと共感できるか、VCとして注力したい領域なのか、といった観点でも当然見ていますが、基本的には「なるべく大きなリターンをより高い確度で得られる」ことを期待します。リターンを大きくするために解決する課題が深くて市場規模が大きいか、確度を上げるために事業の新規性や戦略、起業家と事業の相性が良いかを見ています。

こういった要素を兼ね備えた事業しかやってはいけないという事はありませんが、出資前提で事業を決める際には、そういった観点も考慮しておくとスムーズに進むかもしれません。
（えい）

用語

エクイティファイナンス……スタートアップに関する話題でエクイティファイナンスと言った場合、株式による資金調達のことを指します。主にエクイティと略して呼ばれます。詳細は28話の解説を参照してください。

第9話

折れるまであと91話

スタートは小さくってなぜ大切なの？

私が色々な会社の事業開発で顧問をしていて感じるのは、ほとんどの組織が「小さくスタート」できないことです。そしてその最も大きな原因は「こんな未熟なプロダクトを出すのは恥ずかしい……」という羞恥心であることがほとんどです。小さくスタートできないと、ピボットをするべき時にも「ここまでお金と時間を使ったから引っ込みがきかない……」という心理も働き泥沼にはまることになります。お金も時間をできるだけ「小さく」スタートするのが鉄則です。

そして起業家は自分のアイデアを過大評価しがちですが、アイデアは検証するまではただの「仮説」であり、検証するまでは真実とは言えません。また、アイデアそのものではなく実行にこそ価値があるのがスタートアップの世界というものです。いかに短期間に仮説検証をし、ニーズがあるか確かめるためにも、小さくスタートすることにこだわることで会社の生存確率はグッと上がります。スタートアップの最大の武器は「スピード」であることを改めて意識させられるお話です。（佐々木）

用語

ＰＭＦ……Product Market Fitの略語で、適切なニーズがある市場に、そのニーズを満たせるプロダクトを提供できているかどうかを示す言葉で、スタートアップの成長にＰＭＦの達成は不可欠です。

第10話

株式会社ウサコア
ということで、最初は小さく始めるべきって オウムさんが言ってたので うちもそうします!
おっけー
とりあえず アンケート取ろう どうやって集めようかな?
○acebookの広告使うのは? お金かかるけど…
それだ!
アンケートの内容 どうしようか?
サービスの説明を書いて、使いたいですか? って聞けば いいんじゃない?
そうだね、あと細かい質問追加して…
アンケートにつながる広告を設定して…
OK、これで来週には 結果がわかるよ
ありがとう! 結果が楽しみだね!
折れるまであと90話

プロダクトがなくてもニーズ検証できる？

アンケートでニーズを調べることは難しいと思います。例えば友達に案を聞かれ、微妙だと思ったとしても「絶対にいらない！」とは答えないですよね？ 本音を引き出せない結果、実態を反映していないデータになりがちです。また、ユーザーの言う「欲しい・使いたい」と、実際に「買う・使う」の間には大きな隔たりがあるため、アンケートで好評だったのに全然使われないというのもよくあることです。できるだけMVPを作ってニーズを検証しましょう。

なお、MVPとして主要な機能に絞ったサービスを開発してしまうこともオススメしません。サービスはあくまで手段で、本当に検証すべきなのはサービスを通して提供する価値はユーザーが求めているのか、という目的の方です。事業がBtoBならプロダクト作らず営業資料だけでも売れるかで検証できますし、BtoCでも事前登録LPだけを作って登録率を見たり、広告出してみていくらで誘導できるかで検証ができます。

（えい）

用語

MVP……Minimum Viable Productの略語で、「このプロダクトは皆が使うはず！」などの仮説を検証するために用いられる、実用最小限のプロダクトのことです。プロダクトと言いつつ、実際には実装なしのハリボテで十分な場合が多いです。

第11話

Q.このサービスを使いたいですか？
使う 28人
おそらく使う 342人
使わない 1528人
絶対に使わない 1689人
………
…ど、どうする？
…ピボットしよう
折れるまであと89話

はじめのアイデアはうまくいかない？

スタートアップにとってピボットとは日常なのでそれ自体を気にする必要はありません。しかし、多くの起業家はピボットをする適切なタイミングと、ピボットのやり方で失敗することが多いのです。ピボットを検討するべき兆候の最たる例は「ユーザーのニーズが明らかにない」ことが分かった時です。ウサギさんのアンケートという手法がまず問題ありますが、ニーズがないと判断したらそのまま突き進むのは危険です。ピボットを検討しましょう。

そしてピボットには大きく2種類あります。一つ目は「解決する課題」をピボットする。二つ目は「課題の解決策」をピボットすることです。そしてピボットがより大事になってくるのは一つ目の方です。課題がないところにサービスを作っても誰も使ってくれません。二つ目のピボットは粘り強く解決策を改善していけばいずれは事業が軌道に乗る糸口が見つかるものです。自分の事業にはどちらのピボットが必要なのか判断することこそ起業家の大事な仕事です。

（佐々木）

用語

ピボット……スタートアップに関する話題でピボットと言った場合、方向転換のことを指し、サービスを別のものに変更したり、狙う市場やユーザー層を切り替えることを意味します。

第12話

パンダVC
シェアオフィス
…という結果だったので、違う事業やろうと思います
うーん、そうだね それが良いと思う
…それであの
？
事業変わっちゃうし、支援はもう終わりですかね…？
ああ！いやいや
僕は事業以上に、きみたち自身に可能性を感じてプログラムへの招待と投資を決めたんだ
だから支援をやめようとは考えていないよ
…！
準備も出来たし、来週には振り込めると思う
頑張って！期待してるよ
…ありがとうございます！
折れるまであと88話

うまくいかない時こそＶＣに相談？

私の友人のＶＣがよく「事業がうまくいっていない起業家はほとんどの場合、相談するのが遅くて手助けできない」と言っていますが、これはものすごくよく起こります。お金を出してもらったのにも関わらずうまくいかないと気まずいのは理解できますが、ＶＣはたくさんの起業家を見てきているのでそこまで気にする必要はありません。むしろ困った時に真っ先に相談するべき相手なのです。

起業家にとって困った時に相談できる人というのはとても貴重です。そして、ＶＣとは起業家と完全に利害関係が一致している、いわば「同志」とも言えます。事業が好調な時も不調な時も、定期的に連絡をして相談することをおすすめします。逆に言えば、それくらい密に相談ができない相手であれば株主になってもらわない方が良い、とも言えます。起業家と投資家のマッチングはまさに結婚、末永く仲良くするのが吉です。

（佐々木）

用語

バーンレート……１か月あたりに消費されるコストのことです。会社の残高に対して毎月の赤字金額が大きい場合に「バーンレートが高い」と表現されます。

第13話

投資実行されたんだ、本当に会社の口座に700万円入ってる…！
通帳
すごい…！
えーと、この前のアンケートとか含めてなんだかんだ100万円くらい使っていて
700-100=600
600÷90=6.67
固定費は毎月だいたい90万円くらいだから
お金なくなるまで長くても7か月弱かな？
えーと、その間にやる必要があるのは
まず強い事業見つけて走り出して人を雇ってサービス開発してリリースして改善して初速出して次の資金調達のために他のVC回って…
それ以外だと会社のサイト作ったりS−◯ckとかメールアドレスを準備したり税金の届け出をしたりあ、名刺も必要かあと…
あと7か月しか時間ないのにめちゃくちゃやることある…
だ、大丈夫かな…？
折れるまであと87話

会社の寿命はどうやって計算する?

会社の預金残高は会社の寿命です。事業作りがうまい人が「初期いかに低コストで事業を立ち上げられるか」に徹底的にこだわるのは、お金の貴重さを知っているためです。創業初期であればオフィスは不要、名刺はSNSで代用、人は雇わず自分でやる、友人に頭を下げる、くらいの工夫はほしいところです。お金を「使わない」工夫というのはスタートアップにとってとても重要なことですが、あまり多く語られません。本当に必要な出費以外はできる限り減らしましょう。ただし、給与を極端に低くしてバーンレートを下げるのは生活が荒むので個人的にはおすすめしません(高くしすぎるのも良くないですが)。ちなみに、ランウェイが7か月と見積もった場合、肌感だとだいたい4〜5か月でお金がなくなります。出費をできるだけ抑えても、想定外の出費がどんどん出てくるので、特に初期はとても悲観的に見積もるくらいでちょうど良いかもしれません。

(えい)

用語

ランウェイ……あと何か月で資金が無くなるかを示す期間のことです。残資金が1,000万円でバーンレートが100万円の場合、ランウェイは10か月と計算されます。

第14話

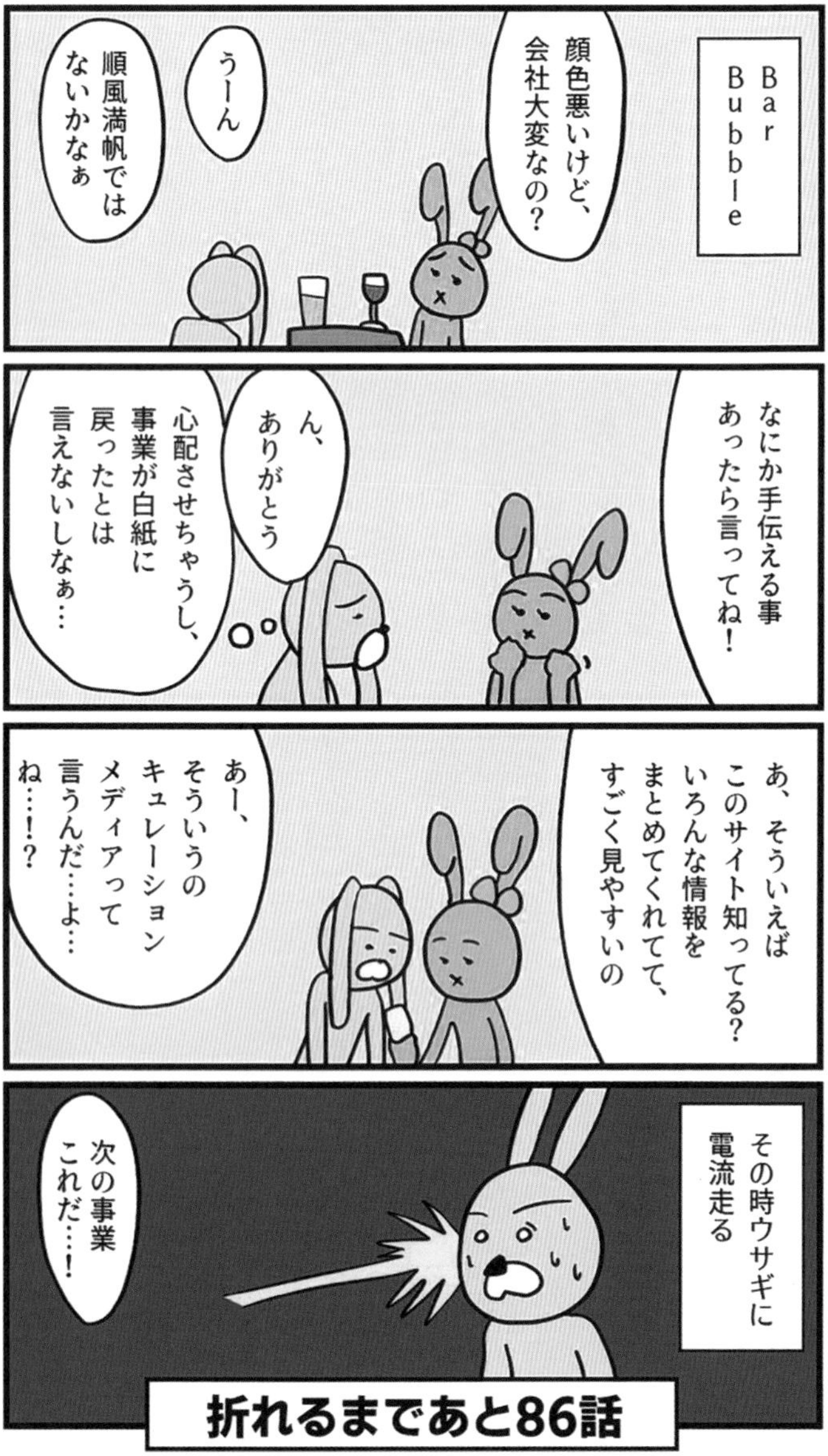
Bar Bubble
顔色悪いけど、会社大変なの？
うーん
順風満帆ではないかなぁ
なにか手伝える事あったら言ってね！
ん、ありがとう
心配させちゃうし、事業が白紙に戻ったとは言えないしなぁ…
あ、そういえばこのサイト知ってる？いろんな情報をまとめてくれてて、すごく見やすいの
あー、そういうのキュレーションメディアって言うんだ…よ…ね…!?
その時ウサギに電流走る
次の事業これだ…!
折れるまであと86話

アイデアはどこにある？

アイデアが思いつかない場合、まず考える起点や方向を定めましょう。事業案はユーザーのニーズ起点にするのか、NFTなどの技術起点にするのか、自分の強みや興味から判断しましょう。または、狙う年代や職種、業界などを整理して方向を決めるのもアリです。例えばNFTを売るにしても、20代エンジニアにBtoCで売る場合と、50代法人営業にBtoBで売る場合では動きがまったく異なるのは明白でしょう。自分にあった検討方法を見つけたら、ポール・グレアムの言う通り「人が欲しがるものを作る」ことを軸に案を掘っていきましょう！

ちなみに、サイバーエージェント藤田さんの「ウマを美少女化して走らせようなんて午前中に思いつくわけがない」という個人的に好きな言葉があります。パソコンの前や会議室で考えていても案はなかなか出ないいため、散歩、サウナ、お酒飲みながら、皆でオフサイトに行くなど普段と異なる環境で考えることもおすすめします。

（えい）

用語

オフサイト……オフィスや会議室ではなく、普段と異なる場所や環境で行うミーティングのことです。アイデアが出やすい、参加者同士の仲が深まるなどのメリットがあります。

第15話

…ということで、こういうメディアはどうかな!?
おー!
すごく良さそうこれ進めようよ!
じゃあこの事業をやっていこう!
何から始める?
うーん…
あと7か月しかないんだよな…
……いや!すぐに開発始めちゃおう!
本当?今回はアンケートとかとらないの?
うん出来るだけ早く動かないと
確かに前のより絶対いいし…
OK、じゃあ始めよう!これWebサービス?
いやアプリも出したいip◯oneとAnd◯oid両方出したい
あーじゃあエンジニア足りない採用しないと
その辺ぼくが調べておくよ
……
折れるまであと85話

うまくピボットするには？

事業を立ち上げる時、お金がなくなってくるとつい気持ちが急いてニーズ検証を抜かしたくなるものですが、これは超あるあるな悪手です。人は多くの場合、自分のアイデアを過大評価します。しかし、実際に優れたアイデアが優れた事業になるとは限りません。アイデアより大事なのは、そこにお金を払ってでも解決したい課題があるかどうかを確かめることです。

今回のウサギさんの行動で問題なのは、ニーズ検証をまだしていないのにiPhoneとAndroidどちらのアプリもリリースしようとしたことです。資金が尽きそうであれば、選択と集中が求められます。具体的には、まず最小機能だけがあるＷｅｂサイトだけを最速リリースするべきでしょう。そうすれば最低限のニーズ検証はできました。

また、ニーズがあるかどうかの仮説を持つためにはこういった考え方をして検証するべきです。

・このメディアは〇〇なユーザーが
・△△な情報を得たいと強く思っている

ニーズ検証をしないプロダクト開発は、ただのギャンブルです。時間がない時こそ課題があるかどうかを検証し、ランウェイを伸ばすか、コストを減らす工夫をしましょう。

（佐々木）

第16話

今ちょっといい？
オオカミくん！この前お願いしたタスクの件？
いやあの…もう会社辞めようかなって
え？
…えっ！？
なんで！？
なんつーか、最初の事業やめるの俺納得いってないし
え、だってあのアンケート結果見たでしょ!?
いやそうなんだけど…あれやらないならもういいかなって
…まあそういうことだから
みんなによろしく言っておいて　じゃ
あ、ちょっと！
行っちゃった　嘘でしょ…
うっ、お腹痛くなってきた…
株式会社ウサコア社員数残り3人
折れるまであと84話

メンバーの退職はつらいもの？

起業をしていて最もつらいことの一つがメンバーの退職ですが、それに一喜一憂していられないのが起業家のつらいところです。しかし、実際のところスタートアップに「お祭り気分」で参加してくる人は珍しくありません。例えば、起業家がメディアに取材されたりプロダクトをリリースしたりすると、昔の知人や友人から声がかかり、入社したいと言ってくれる人も増えます。それ自体は喜ばしいことですが、どれだけ口では「協力します！」「一緒にやろう！」と言っていても、実際に行動を共にしてくれない人は仲間にあらず。行動で応援してくれる人はごく限られた人だけです。本当の味方とは「会社が苦境にいる時に力になってくれる人」なのです。

そういう意味では退職は必ずしも悪いことではなく、より強く目標を組織に共有するための必要なプロセスとも言えます。もちろん自分の行動に非があるのならば改善が必要です。しかし、どれだけ会社がうまくいき、起業家が組織やメンバーのことを考えていても、退職する人は必ず出てきます。社員にも家族があり生活があるので、さまざまな理由で退職するきっかけが生まれますが、それらは起業家のコントロール範囲外、仕事とは関係なく一定確率で発生します。責任を感じすぎることなく、事業に一緒に向き合ってくれる仲間を大事にしてください。

（佐々木）

第17話

ということで、オオカミくんが離脱しました
あー…やっぱり
やっぱり？
実はオオカミ、ピボット決まってすぐDMでウサギのこと愚痴ってたんだ
あ、そうなんだ
それ知りたくなかったな…
どうする？スケジュール遅らせる？
いや、その余裕は無いし…
そのままでいこう
オオカミの持ってたタスクはどうする？
僕が全部巻き取るよ
皆はそのままのタスク進めて
稼働時間増やせば対応できる範囲なはず…
折れるまであと83話

仕事の巻取りしちゃいがち？

スタートアップでは起業家が誰よりも働くことはメンバーを鼓舞するために大事ですが、それでも24時間という制限があるので現実的でないタスク量はこなせません。メンバーが退職するなどで割ける時間が減った場合はまず、「本当に必要なこと以外は削る」という選択と集中が求められます。やる気があるのは素晴らしいですが、根性だけでは進められないのも事業作りです。冷静にできること、できないことを見極めましょう。

特にウサギさんに欠けているのは「選択と集中」です。人とお金というリソースが少ないスタートアップでは、必要最低限の機能だけを実装してリリースすることを優先しなければいけません。この時点でリソースが明確に足りないのであれば、リリースまでにやることを削る勇気が足りていません。これは起業家のあるあるな失敗です。慎重に、しかし時に大胆に、選択と集中をすることが起業家にとって大事なのです。

（佐々木）

用語

選択と集中……経営学者のドラッカーが提唱したもので、注力すべき事業や領域を選び、そこに集中して経営資源を投下することを指します。あれもこれも手を出してしまいがちですが、リソースが足りないスタートアップにとって「選択と集中」を判断することは非常に重要です。

第18話

先輩起業家によるアドバイス
今日は連続起業家のペンギンさんだ
よっぽどローカルに根ざした事業でない限り、海外展開を前提にしましょう！
特にWebサービスやアプリなら、多言語対応だけであまりコストかからずできるはずです
パイがぐっと増え、取れる選択肢もチャンスも一気に増えますからね
もちろんリーガルチェックは必要ですが
その辺は私に相談してください支援します
確かに、考えていなかったけど海外か…
よし、うちも海外展開前提でいこう！
折れるまであと82話

海外への展開ってどうなの？

海外展開は事業によって判断が異なります。ＢtoＢやユーザーと密なやり取りが必要な事業の場合、まず国内からスタートすべきです。文化や商習慣を理解しないまま、もしくは理解の精度を上げきれないまま公開しても、サービスが提供する価値が上がらず成功しづらいためです。この場合はまず国内に高い価値を提供することに注力しましょう。

逆にゲームやＳＮＳなど、オンラインで完結するサービスは最初から英語で作って全世界に提供すべきです。市場規模が桁違いな上、需要のある国に注力できるなど取れる選択肢が増えるためです。例えばNotionは日本からの利用者数が１位のアメリカに次ぐ規模になったため、後から日本語に対応しています。ただし、中国は規制が強くそもそも中国以外の会社からはほぼアプリ出せない、アメリカやＧＤＰＲのあるＥＵは個人情報の扱いを厳しく見られるなど、国ごとにルールが違うため、やる場合その辺の調査や対応はきちんと行いましょう。

（えい）

用語

各国の規制……例えばアメリカでは13歳未満の子供の個人情報を取得する際に保護者の承諾が必要となります。しかし、許諾は子供からではなくサービス提供側が保護者に確認する必要があり、運用面で大きな手間になるため、13歳未満は一律使用禁止としているサービスが多いです。

第19話

外部のピッチイベント
つまり、XXXがYYYなのでそれはあれ、
えーと
あ、ZZZですねZZZなんです
…ということを、かいが、かい、海外展開前提でやります
以上です、ありがとうございました
パチパチ
うう、緊張した…噛みまくりだし聞いてる人のリアクションも薄かった…
採用候補者にリーチできると思ってイベント出たけどこれは失敗だな…
あの！
はい？
お話いいですか？
折れるまであと81話

ピッチイベントに参加する理由って？

ピッチイベントというと、ＩＶＳやＩＣＣのようにガッチリ審査されるコンテスト形式のものや、広く開かれたカジュアルな形式のものが多い印象です。スタートアップを創業すると一度はこういったイベントに参加する機会があります。学べることが多いですし、起業家仲間ができたりするので、一度は参加しておくべきだと思います。ただし、コンテスト形式の場合、審査結果はあくまで参考程度に捉えるようにしましょう。例えばコーラルキャピタルが行った調査によると、ピッチイベントで入賞したかどうかでは成功率は変わらないそうです[1]。良い結果にならなくても、審査員が合わなかったのだと思う程度に留めましょう。

その他、ピッチイベントは採用活動にも有効です。わざわざピッチを見に来るような熱量の高い人を採用できるとその後も活躍してくれるでしょうし、優勝すればそれもキャッチーな情報として活かせます。最初は緊張すると思いますが、練習して参加しましょう！

（えい）

用語

ＩＶＳ、ＩＣＣ……どちらも国内最大級のスタートアップカンファレンスのことです。このカンファレンス内で、審査型のピッチコンテストが行われます。

[1] https://coralcap.co/2021/03/pitch-competitions/

第20話

折れるまであと80話

イヌさんからの見え方

ウサコアへの入社を決めた理由

エンジニアとしてのこれまでの自分のスキルが活かせ、かつ新しい挑戦ができそうな会社を探していた時に参加したピッチイベントです。ほかの会社に比べて、荒削りながらもさまざまな領域に展開できそうな可能性を感じたプロダクトだったため、懇親会で声をかけました。

ウサギさんは年齢にしては落ち着きのある話し方をされる一方で、人を楽しませよう、喜ばせようといった意思が垣間見えました。若さ特有のパッションも相まって「一緒に仕事をしたら面白そうな人だな」と思いました。チームの規模としてまだ数名かつエンジニアも不足している状況ということで、裁量を持ってプロダクトづくりに関われる環境だと確信しました。

スタートアップとは無縁の会社からの転職で、文化に馴染めるかは不安でしたが、「当たって砕けろ」でやってみようと決断したのを覚えています。

用語

カルチャーフィット……起業家の考え方や会社の文化に馴染めていること、もしくは馴染めてる人の性質のことです。カルチャーが合わない人を会社に迎え入れるとそれだけで会社が崩壊しかねない、スタートアップにとっては特に重要な要素の一つです。

第21話

ということで今日からイヌさんが入社されます！
An◯roidエンジニアのイヌですこれからよろしくお願いします！
…という感じで開発は今こういう進捗です
あーなるほど…
この構成だと二度手間になりそうなので変更しましょう
その辺りの対応はこちらでやっておきますね
ここの実装なんですが…
あー…
これはこうすると良いですね
あーなるほど
ただその辺罠があるのでそれを回避するには…
…めちゃくちゃ頼れる人だ！
強力なメンバーが増えたしこれはいけるぞ！
折れるまであと79話

優秀な人材からモメンタムが発生する？

スタートアップがスキルの高い人を採用できることは超ラッキーです！　さらに事業を進める上で必要なスキルを持っていたら最高です。この時は勢いに乗って事業を進めるのが良いでしょう。しかし、スキルと同じくらい「会社のメンバーと人柄が合うか」も大事なポイントなので、スキルが高いから即採用は危険なので気をつけないといけません。

また、スタートアップというのは「モメンタム（目に見えない勢いのある雰囲気）」がとても大事で、これを逃すと事業成長は見込めません。このモメンタムが発生するのは大きく3つあります。

1. 事業が成長している
2. 優秀な人を採用できる
3. メディアに掲載される

スキルを高い人を仲間にするために、起業家は情報発信を積極的にするのがおすすめです。（佐々木）

用語

モメンタム……勢いのかっこいい言い方です。こう書くと些細なものに見えますが、モメンタムはスタートアップにとって最重要なものの一つです。社員がいやいや消極的に仕事をするのではなく、どんどん積極的に仕事する状態を維持することは起業家の重要な仕事です。

第22話

ここの処理は
どっちかというと…
みんなちょっと
いいですか？
今日から
サーバーエンジニアの
ウマさんが手伝って
くれることに
なりました！
よろしくですー
どこで
見つけたの？
起業系のイベントで
知り合ったんだ
ひとまずリリース
まで手伝って
いただける予定
エンジニアも揃ったし
リリースに向けて
頑張りましょう！
おー！

折れるまであと78話

スタートアップ初期の採用ってどうする？

事業を成功させるためには優秀な人材採用が欠かせません。会社と事業はとにかく人こそが競争優位性なのです。ではその優秀な人材はどこで見つけてくるべきなのでしょうか。

一般的に採用チャネルと言えば転職エージェントですが、お金に余裕がないスタートアップにとっては利用しにくく、転職ナビサイトに募集要項を掲載しても知名度のない会社では高いスキルを持った人材からの応募はあまり来ないものです。

そんな中、初期スタートアップがするべき採用は「リファラル採用」一択です。つまり、自分の知人に優秀な人を紹介してもらいましょう。私自身、起業する時はまず友人に相談して手伝ってもらうことから始めますし、足りない知見やスキルがあればそれを補ってくれる人を紹介してもらいます。そういう意味では、起業家に最も大事なのは「応援してあげたい」と思ってもらえる愛嬌かもしれません。優秀な人であればあるほど、お金ではなく事業の価値ややりがいで仕事を選びます。（佐々木）

用語

リファラル採用……就職サービスやエージェントを経由せず、社員に知り合いや友人を紹介してもらい、採用に繋げる採用手法のことです。単にリファラルと呼ぶ場合が多く、近年はより重要視されてきています。

第23話

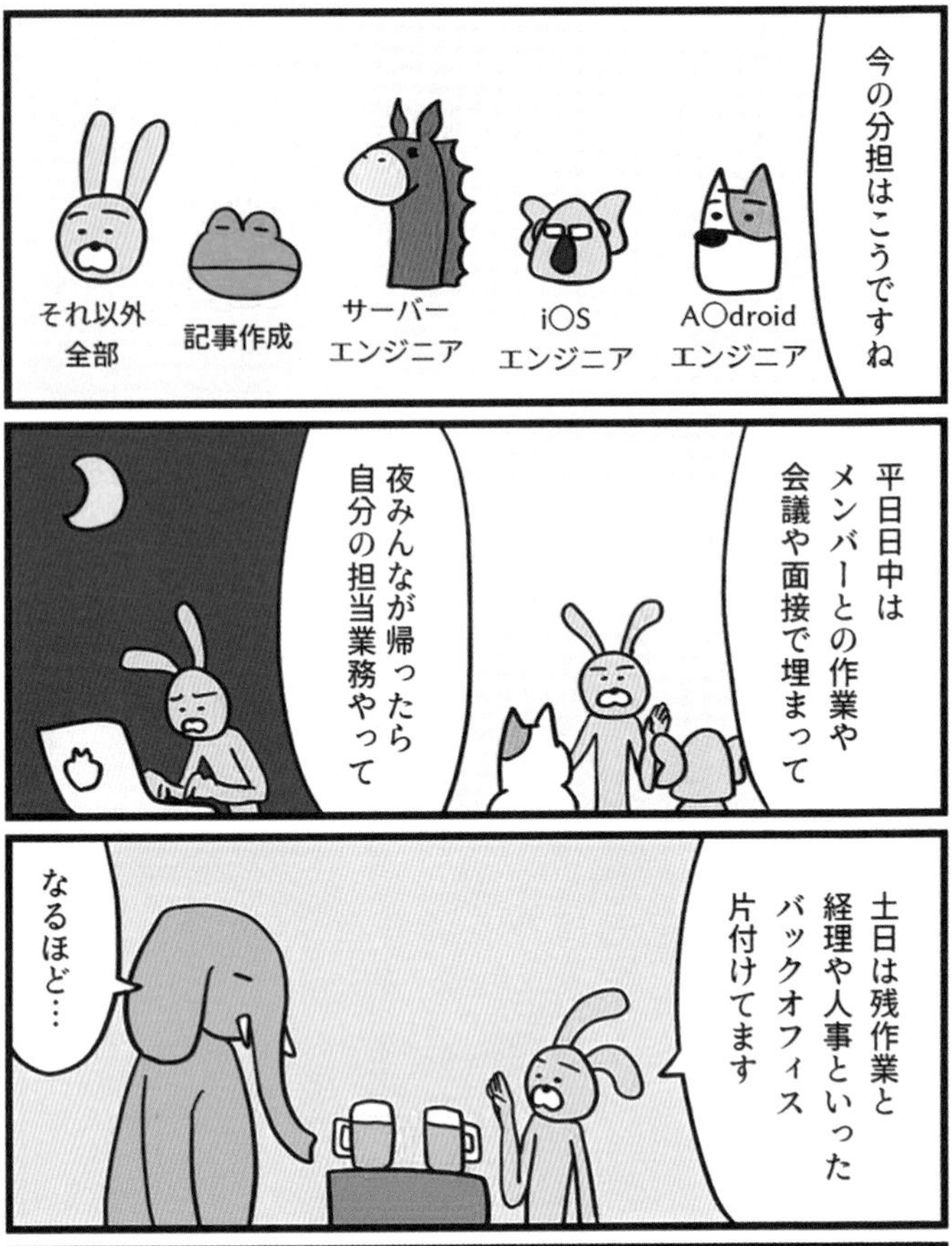

今の分担はこうですね
A〇droid エンジニア
iOS エンジニア
サーバー エンジニア
記事作成
それ以外 全部
平日日中は メンバーとの作業や 会議や面接で埋まって
夜みんなが帰ったら 自分の担当業務やって
土日は残作業と 経理や人事といった バックオフィス 片付けてます
なるほど…
こちらも 似たような ものです
お互い体調を 崩さないように 気をつけつつ 頑張りましょう！
はい！
折れるまであと77話

ＣＥＯの役割って？

ＣＥＯはChief Everything Officer（すべての責任者）と冗談で言われることもあるくらい、事業のことだけでなく驚くほどのバックオフィス業務や細かな雑務をこなす必要があります。

・事業開発：事業計画の作成・管理、ＫＰＩ管理、事業戦略
・プロダクト開発：プロダクト戦略、プロダクトマネジメント、チームマネジメント、品質管理
・セールス・マーケティング：営業・マーケティング戦略立案、アポ取り、提案、交渉、契約
・人事：採用ＰＲ、会社ビジョン策定、募集要項の作成、面接、内定者との交渉
・資金調達：エクイティまたはデットファイナンスの交渉
・バックオフィス：給与支払い、経費処理、労務管理、税金対応、契約書管理

とてもすべてはこなせないので、起業家が苦手な仕事は適宜アウトソーシングすることも大事です。起業家の貴重な時間はできる限り「事業を伸ばすこと」に費やしましょう。

（佐々木）

用語

土日祝日……社員や取引先からの連絡が落ち着き、集中して一人作業や考え事ができる日です。

第24話

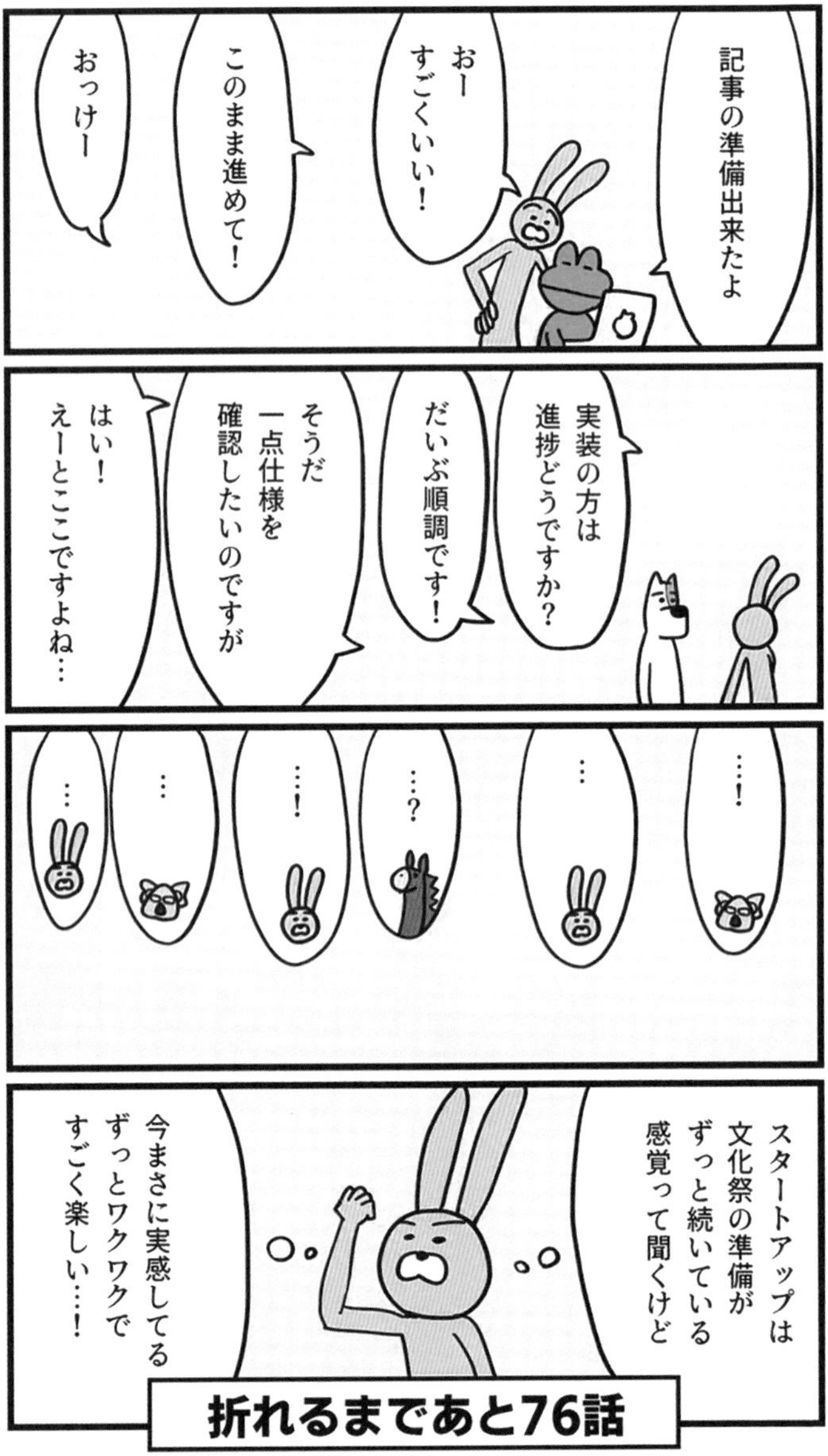
記事の準備出来たよ
おー
すごくいい！
このまま進めて！
おっけー
実装の方は
進捗どうですか？
だいぶ順調です！
そうだ
一点仕様を
確認したいのですが
はい！
えーとここですよね…
…！
…
…？
…！
…
…
スタートアップは
文化祭の準備が
ずっと続いている
感覚って聞くけど
今まさに実感してる
ずっとワクワクで
すごく楽しい…！
折れるまであと76話

スタートアップって楽しいの？

スタートアップとは「青春のやり直し」と言えるほど熱量高く、また自分の知識と経験・スキルをすべて投資し人生を賭けて勝負するため、これ以上のスリルと楽しさはなかなかありません。起業家の中には上場やM&Aをしたらその大変さゆえにもう起業をしない人もいますが、私のように何度も会社を作ってしまういわば「起業中毒」のような人間もいるくらいです。

スタートアップと中小企業の違いは経営の方法です。仲間を巻き込んで一気に成長を目指すか、少人数で細々と続けるかが最大の違いとなります。中小会社をただ経営するだけなら一人でもできますが、一緒の目標に向かっていける仲間と一緒に高い目標を目指していく、ないものだらけの中で工夫していく楽しさはスタートアップ起業家の醍醐味と言えるでしょう。

しかし、多くの場合、楽しく浮かれている時にこそ破滅の種が生まれるものです。例えば、人を採用しすぎてしまったり、事業戦略が甘いまま進んでしまったりと、スタートアップ最大の敵は起業家の油断なのです。ハードな仕事を乗り切るために「うまくいってる」という手応えはとても大事な反面、それに浮かれることなく打ち手を考えましょう。

古くから言うように「驕れる者久しからずや」なのです。

（佐々木）

第25話

俺さ
今月末で会社辞める
うん
…!?
え!?
実はメガベンチャーに
内定もらってさ
来月からそこに
行くことになった
…就職する
つもりだったの?
じゃあなんで
会社作ったのさ!?
サークルの
起業イベントの
延長くらいの
つもりだったんだ
…本当ごめん
じゃあ…
そういうこと
だから
バタン
折れるまであと75話

共同創業者が辞めるときってつらくない？

共同創業者の退職ほどスタートアップ起業家の心が打ちのめされる経験は多くありません。裏切られたような感覚と自分を否定されたような惨めさが両方同時に襲ってくるので、とてもまともな精神状態ではいられません。

実際、私も過去に共同創業者に辞められたことがあり、その時はとてもショックで食事も喉を通りませんでした。しかし、これはスタートアップにとってはありふれた悲劇であり、共同創業者が辞めていくことは実はけっして珍しくありません。例えばアップル社は会社経営の方向性の違い、マイクロソフト社は健康上の理由で、どちらも共同創業者を失っています。それ以外にも他社からの引き抜きや家族の問題など、さまざまな理由で、ハードに働けなくなりスタートアップを辞めていきます。共同創業者といえど人ですから、さまざまな理由で会社を去ってしまうのは致し方ないものなのです。

起業家はそこで腐ってしまうことなく、改善するべきところは見直しつつ退職は自分がコントロールしきれない問題と割り切るようにしましょう。共同創業者が去っても、自身が事業に情熱を持てていれば、それに賛同してくれる仲間はきっと見つかります。

（佐々木）

コラム

マンガもMVPで検証

実はこのマンガ、最初の10数話を投稿しても反響が無ければ途中で止める前提でスタートしました。しばらく判断に困るラインをうろうろしていたのですが、50話くらいから安定してきたため、最後までやろうと決めました。最初から全話用意せず、少しだけ作って興味を持たれるのかをテストするこの動きも、ある意味MVPを使った検証の一種と言えます。

マンガにするエピソードを僕の実体験から選定する際、エグすぎてマンガにできず泣く泣くカットしたものが実はそこそこあります。キャラクターを動物にしたことでエグさがそこそこ緩和されたのですが、それでも掲載できなかった話です（笑）。なんでもかんでも試して確認するのではなく、「ダメな可能性が高いものは検証しない」という取捨選択も大事ですね。

ちなみに20話の解説は「イヌさんからの見え方」でしたが、これは起業家だけではなく社員からの視点もあった方がよりリアルに体感できると考えたため、実際にイヌさん（のモデルになった人）に書いてもらいました！

第2章

変遷期

第26話

前回のあらすじ
共同創業者が退職
あ
そうだ創業者間の契約…！
創業者が1年以内に退職した場合は所有する全株式を代表に譲渡する
で印鑑押してあるから契約できてる…
ああ良かったひとまず株は回収できる
…
こんな契約
役立って欲しくなかったな…
折れるまであと74話

弁護士って必要？

会社を経営するということは、法律とお付き合いすることと同義です。事業を進める中では思ってもいない問題が起きたり、起こしてしまうものです。そういう時に頼るべきなのは専門家です。

特にスタートアップにとって弁護士は大事です。今回のウサギさんとコアラさんのように、スタートアップで最もよくある問題は人の退職と、株の扱いになります。ここは法律が絡むところなので、お金をかけてでも、弁護士にチェックをしてもらいましょう。

昔と違っていまは月数万円からスタートアップ向けに顧問サービスを提供している弁護士事務所も多く、低コストで専門家に助けてもらえます。また、契約書の雛形をもらうことで業務効率もアップしますので、ここは必要経費と割り切って、上手に頼りましょう。

他にも会計士、社労士など会社を経営するうえで必要な専門知識は士業の方にアドバイスをもらうのがおすすめです。コストはかかりますが、法的遵守を心がけてください。

（佐々木）

用語

スタートアップ法務の問題……会社の設立、事業の適法性、契約書や利用規約の作成、知的財産権、労務環境、インセンティブ設計、出資者との契約、取締役会や株主総会、M&A、上場審査などがあります。

第27話

ということでコアラが退職しました
…!
ではiP○one用のアプリの開発は一旦中止でしょうか?
あー…
そうかコアラが担当していましたね
うーん…
…いえ中止せずスケジュールそのままで行きましょう
iPh○ne用はぼくが実装します!
実装できたっけ?
正直ほとんどわからないけど……勉強する!
時間ないからやるしかない……!
折れるまであと73話

とりあえず実装目指して良い？

スタートアップで最も大事な資源は「資金」と「時間」です。資金が尽きるまでの限られた時間で最大限にユーザーのことを学習し、伸びる見込みのあるプロダクトを作らなければいけません。そのためユーザーの課題を仮説検証する手段として多用されるのが第10話で紹介した「ＭＶＰ」です。

これは「必要最低限の機能だけを持ったプロダクト」を2〜3か月以内に素早くリリースすることを目指します。ＭＶＰを活用する最大のメリットは「こんなプロダクトがあればユーザーの課題を解決できるのはないか？」という仮説を素早く検証できることです。簡素なプロダクトでもリリースすることで短期間のうちに最も効率的にユーザーのことを学習できます。じっくり機能を作り込んでからリリースすると仮説が間違えていた時に致命傷を負ってしまうのです。

今回のウサギさんはＭＶＰであればiPhoneとAndroidアプリ両方ではなく、今のリソースで対応できるAndroidだけ、もしくはスマホアプリではなくＷｅｂアプリケーションだけに専念してＭＶＰの最速リリースを目指すべきでした。スピードはスタートアップにとって唯一最大の武器です。これを活かせなければ勝機は見えてきません。

（佐々木）

第28話

…そろそろ口座のお金が無くなりそう
あと2ヶ月でお金足りなくなるけどまだサービスは出せる状態じゃない…
この状態で次の資金調達は厳しいだろうし…
メンバーに相談できるような内容でもないし…
うーん…
そういえばこの間キリンさんが政策金融公庫から2千万借りたって話を聞いたな…
借金だよね…ちょっと抵抗あるけど
…いや背に腹は代えられない！
ピッ
プルルルル…
ガチャ
はい政策金融公庫です
あ、もしもし…

折れるまであと72話

資金調達の種類って？

そもそもスタートアップの資金調達とは大きく分けて2種類あります。

1. エクイティ・ファイナンス：株とお金を交換する
 a. メリット：将来の事業可能性で資金調達できる
 b. デメリット：事業の値付け（バリュエーション）方法が一律ではない、調達に時間がかかる
2. デット・ファイナンス：銀行などから借金をする
 a. メリット：株を渡す必要がない
 b. デメリット：すでに売上がないと小額しか調達できない、個人保証が必要なことがある

資金調達は会社経営の真髄であり、万能解はなく起業家のこだわりや経営スタイルによって最適な資金調達は異なります。起業をすると資金調達まわりの知識不足で困る起業家は多いので、知識なのでしかるべき知識を身につけつつ、必要な方法で実行してください。（佐々木）

用語

デットファイナンス……いわゆる融資、借入による資金調達のことです。デットと略して呼ぶことが多く、「今回の調達はエクイティですか？　デットですか？」「デットで予定してます」というような会話がされます。

第29話

政策金融公庫
…はい ウサギとコアラで ウサコアという 会社です
あ えーと
コアラはもう いないんですが…
なるほど… わかりました
では頂いた内容で 私どもの方で 検討させて いただきます
この内容であれば ご希望額満額は お約束できませんが… 無担保でご融資 できると思います
…本当ですか!
審査は少ーし 時間がかかりますが 決まればすぐなので ひとまずは お待ちください
わかりました よろしく お願いします!
折れるまであと71話

エクイティとデットの違いって？

資金調達の手段として、最近はＳＡＦＴなどの暗号資産による調達もありますが、基本的にはエクイティかデットによって行う事がほとんどです。エクイティは株式による調達、デットは融資による調達です。スタートアップはエクイティで調達するもの、といった雰囲気はなんとなくありますが、当然ながら貴重な株の持ち分を投資家に譲る事になり、後からやり直す事はできません。一方で、デットでの調達はつまるところ借金なので、何となく避けたくなるイメージがあると思いますが、エクイティにはないメリットもあるため、調達する場合はどの手段で行うべきか、きちんと考える必要があります。なお、融資は銀行以外に日本政策金融公庫などの公的機関からも行えます、特に政策金融公庫は新興企業支援が手厚く、資本制ローンなどの無担保、無保証人での借り入れが可能な制度があるため、一度調べてみるとよいです。

（えい）

用語

ＳＡＦＴ……エクイティでもデットでもない、いわゆるトークン調達の一種で、将来発行されるトークンを獲得する権利を担保に資金を得る、Ｗｅｂ３プロジェクトにおける調達方法ですが、２０２３年１月現在は税制上の理由で国内法人がトークン調達した例はほぼありません。

第30話

融資申込から2週間後
まだ電話こない…
残高もう100万円もないのに…
…ネットバンクの画面更新してみよ
残高増えてないな…
…もう一回更新してみよ
…もう一回
折れるまであと70話

資金繰りが厳しいときどうする?

個人的に一番好きな話です。

実はこれ僕の経験そのままの話で、冷静に考えれば契約も締結していないのに融資されてお金が入るワケがないのですが、それでもお金入っていたら良いな……とあらぬ期待をしてずっとポチポチネットバンクを更新していました。なぜかこういう場合は何かしら支払いが発生していて、残高が増えるどころか逆に減っていくのを眺めていた覚えがあります……。

言うまでもないですが、こういう時はネットバンクを無限に眺めるのではなく、出ていくお金を減らし、残高を増やす動きをするべきです。とはいえ初期のスタートアップでの出費は人件費とクレジットカードで支払った費用の支払いがほとんどで、出ていくお金が減らしづらいことも多いため、残高を増やす動きがメインになるはずです。そのために取れるアクションは少なくありません、冷静にいきましょう！

（えい）

用語

日本政策金融公庫……国が運営する、いわゆる政策金融機関の一つです。スタートアップに限らず、創業初期の会社や個人が低リスクで融資を受けられる制度を複数持っています。

第31話

融資申込から3週間後
給与振り込みましたご確認お願いします！
はーい
これでお金は残り3457円…！
月末のクレカ支払足りない…
…もしかして貸せるって言ってたけど審査通らなかった…？
ありえるよな…そうだった場合どうしよう…
うっまたお腹痛くなってきた
…！
はいウサコアのウサギです！
あウサギさん金融公庫のサルです
折れるまであと69話

リモートワークだけでいける？

リモートワークは通勤時間がなくなりその分仕事ができる、家賃など固定費が減らせるなどメリットが多いです。ただし、創業初期から常にリモートワークだけという体制はオススメしません。この後何度も出てくる「モメンタム」という言葉があります。これは直訳すると勢いのことで、「この事業絶対に行ける！ 行くぞー！」と勢いづいている状態を「モメンタムが高い」と言ったりします。このモメンタムの維持・向上はスタートアップにとってとても重要なのですが、直接対面しない働き方だとそれが難しくなります。チャットやビデオ通話よりも、「同じ釜の飯を食う」という言葉があることからも、同じ空間で苦楽を共にすることは、帰属意識を通してモメンタムに大きく作用するでしょう。とはいえ、やはりリモートにもメリットはあるので、「週３で出社、残りはリモート」にするなど、うまく使い分けていきましょう。

（えい）

用語

心理的安全性……「的はずれなことを発言したり行動したとしても、避難したり攻撃してくる人はこの組織にはいない、だから積極的に発言しよう！」と確信できる状態のことです。心理的安全性が下がるとモメンタムにも悪影響があるため、意識して高めるようにしましょう。

第32話

…ということで満額は難しいですが400万円であれば融資が可能です
いかがでしょうか?
ぜひお願いします!
わかりましたでは一度こちらに来ていただけますか?
契約書類に記入をお願いします
そのあと数日で融資を実施できると思いますので…
はい!…今日伺ってもいいですか?
えーと…はい大丈夫ですよ
わかりました!では今から向かいます!
数日後
残高が400万円増えてる!
良かった…首の皮一枚つながった…!
折れるまであと68話

首の皮一枚つながるなんてことあるの？

似たような状況で調達が間に合ったとき、本当に心の中で「首の皮一枚繋がった！」と叫んだので、首の皮一枚繋がった時は首の皮一枚繋がったと思うんだなぁとびっくりしました。

ウサギさんのように資金調達をしてランウェイが伸びると、心理的な負担やストレスがものすごく減ります。調達前の寿命が短ければ短いほど顕著になります。ただし、キャッシュフローがプラスになって死を免れた場合と、死なないために外部から調達した場合では、同じ死なないでも意味合いが異なる点に注意です。前者は体質改善に成功して死にづらい体になっていますが、後者は悪い言い方をすれば対処療法で死を先延ばしにしただけです。一時しのぎでやり過ごした場合、そうなるに至った問題は残っており、そのままではすぐまた死期が来るため、伸びた寿命が尽きる前になんとか改善する必要があります。そして、実際に死ぬ場合ももちろんあります。

（えい）

用語

キャッシュフロー……一定期間、例えばその月にどのくらいのお金が入ってきて、どのくらいのお金が出ていくのかを示す、文字通りお金の流れのことを指します。

第33話

先輩起業家からのアドバイス
海外の有名な起業家の発言で週に100時間働けというものがありますが…
立ち上げ期の会社が成功する確率を高めたいのであればぼくもこれに同意です
自分というリソースをほぼすべて事業に投下すべきだという事もありますが
それくらいの熱意を持てる事業をやるべきだという話でもあります
もちろん従業員に同じ稼働時間を求めてはダメですよ？
えーと
100÷7≒14.3
週100時間 1日だと14時間とちょっとか
あれ 大したことない？
毎日8時間以上寝られる計算じゃん
今もっと働いてるし全然苦になってないし…
これは成功に近づいているのでは…!?
折れるまであと67話

熱意をもてる事業って？

頭ではやるべきだとわかっていても、肌に合わない作業・仕事というのはやはり億劫になったり、ストレスを感じるものです。フリーランスでエンジニアするのは楽しいけど、確定申告はやりたくない…というような感覚が近く、例えば読書関係のサービスの場合、本読む習慣のない人がやるより本好きな人がやった方が、事業をやることとそのものにも、それを長時間ハードに行うことにもストレスを感じづらいのはイメージ湧くと思います。結果、アウトプットが質量ともに高くなるため、事業の確度が上がる事に繋がります。

同様に、エンジニア畑だった人がゴリゴリ営業が必要な事業をやる場合、社内の空気も営業職の色が強くなって肌に合わなくなってしまったという場合もストレスを感じやすくなるかもしれません。もちろん、肌に合うけど微妙な事業を選ぶべきという話ではありませんが、事業を選ぶ際の観点の一つとして持っておきましょう。

（えい）

用語

確定申告……法人ではなく、個人がそれぞれ行う決算のようなものです。副業をする等で複数の会社から収入を得ている方やフリーランスとして働いている方が、前年の所得額を計算して申告し、納税する、という一連の手続きのことを指します。

第34話

アクセラレーションプログラム
さて皆さん早いものでプログラムも残り1か月です
最終日にはたくさん招いて投資家をピッチ大会を行います
もちろん皆さんにそこでピッチをしてもらいます
これまでの成果をしっかりアピールして次の資金調達に繋げてください！
資金調達…
融資受けたとはいえ調達できるならしておきたい
しっかり準備して挑もう…！
折れるまであと66話

サービス名、社名の決め方って?

サービスを作る際、必要かつ重要なのにザクッと決められがちなものがサービスの名前です。サービス名、あとは社名なんかも雑に決めがちですが、きちんと熟考の上決めた方が良いです。いままでにない、わかりやすく、覚えやすく、読めるものを選びましょう。

特にありがちな失敗が、読めない名前にしてしまう例です。読めないパターンとしては「XXXと書いてXYZと読ませる」などがあります。例えば「Suppaaar Pairz InK」というサービスがあるとして……読み方わかりますか? 正解は「スーパーパイレーツインク」です。名前がよくわからないサービスは怪しいので利用を躊躇われますし、検索もしづらく、友達にも薦めづらくなります。また、この例では略称がSPIとなり既存サービスと同じで、そもそもどんなサービスかわからないし覚えにくい、と色々な問題を含んでいます。カッコよさよりも、見た人に理解してもらい、覚えてもらえることを優先しましょう。

また、最初から社名をサービス名と同じにする例も良く見ますが、事業が微妙な場合にピボットしづらくなるため、最初は別の名前にしておき、ペダル踏む段階になってから社名を変える形をオススメします。

(えい)

第35話

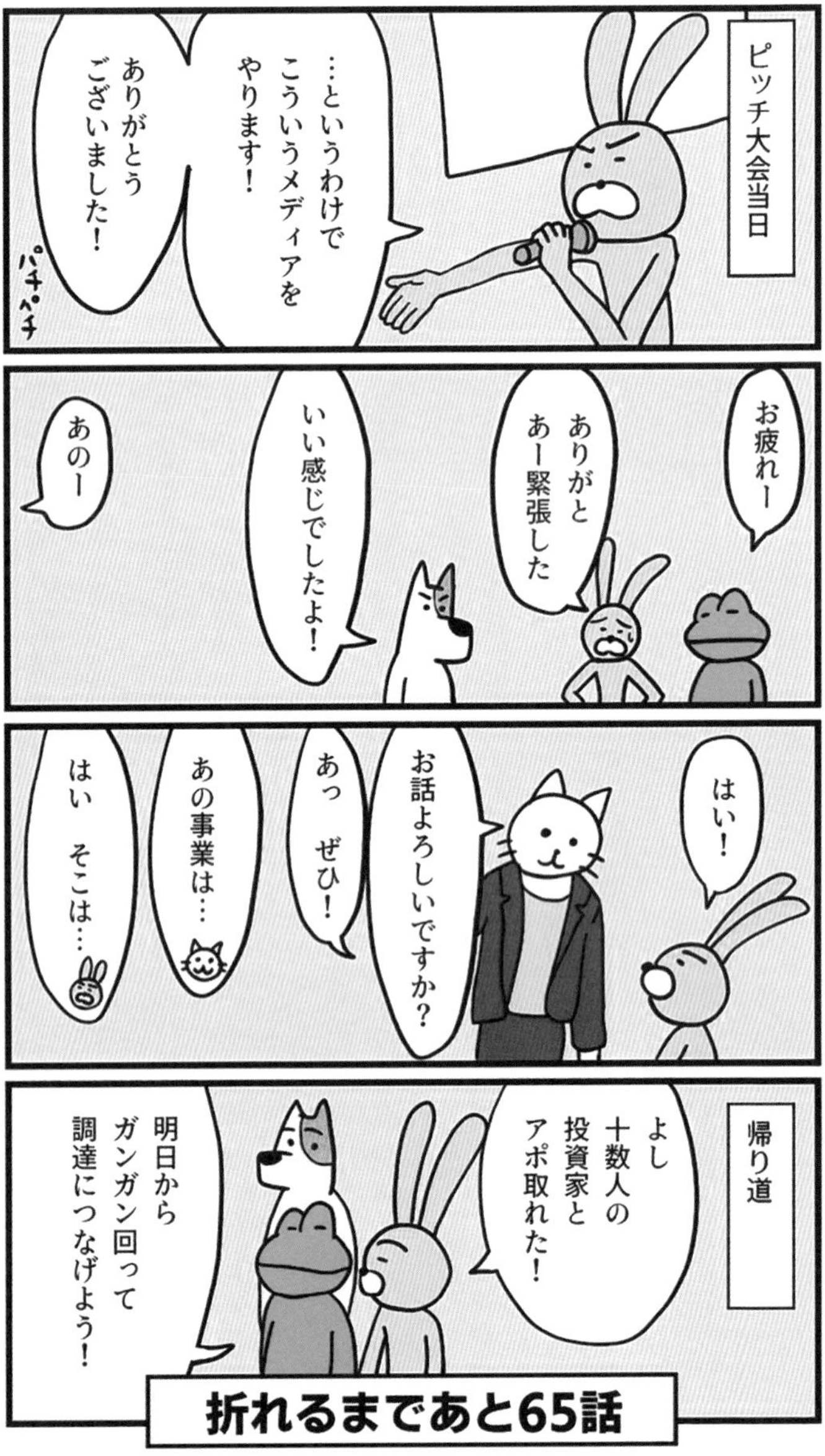

ピッチ大会当日
…というわけでこういうメディアをやります！
ありがとうございました！
パチパチ
お疲れー
ありがとあー緊張した
いい感じでしたよ！
あのー
はい！
お話よろしいですか？
あっ　ぜひ！
あの事業は…
はい　そこは…
帰り道
よし十数人の投資家とアポ取れた！
明日からガンガン回って調達につなげよう！
折れるまであと65話

投資家とのミーティングの内容って？

投資家やVCと直接話す機会があったとしても、何を話していいか、どんな流れで話すのかイメージしづらいと思います。実は特殊なことはなく、VC側の担当者1~2人とのミーティング形式で、まず5~10分で会社や事業を説明し、サービスのデモがあれば見せ、あとは質疑応答やディスカッションを繰り返す、という形がよくある例です。就活の面接とほぼ同じで、シンプルに説明・アピールしてから質問に答えていく流れです。最近はユーチューブなどでもピッチの映像が公開されているため、「スタートアップ　ピッチ」と検索して動画を見ることで雰囲気も掴めると思います。

ピッチで説明する内容も、2話の解説にあったチーム構成や事業内容、直近の計画や資本政策などがあれば十分です。ただし、あらかじめ想定できる、または他の投資家に実際に聞かれた質問への回答はきちんと準備しておきましょう。一度でも投資家に聞かれた質問は、投資家目線だと聞いておきたい内容なので、他の投資家からも質問される可能性が高いためです。

（えい）

用語

KPI……Key Performance Indicatorの略で、事業が進んでいるか、成長できているかを測る指標のことです。DAUや継続率がKPIとして用いられることが多いですが、事業次第でどの数字をKPIにするべきかは異なるため、精査が必要です。

第36話

ねこねこVC
リリースして良い数字が出たらまたお話しましょう！
とりモバイルベンチャーズ
ではまたリリース後にお話聞かせてください
個人投資家
じゃあ公開されたら初動の数字送ってください
どこもやっぱり数字がないからと断られてしまった…
やっぱりまずはリリースしないと…
折れるまであと64話

数人の投資家に会えば十分?

マンガを見ると「2回目の調達は実績がないと無理!」だと思いがちですが、昔はともかく最近はそういうことはなく、適切な希望額なら十分に投資を受けられます。

この話の問題点は別にあります。それは、単純に投資家に当たる絶対数が足りないことです。ウサギさんのように、最初の数社で箸にも棒にもかからないのであれば「今は無理なんだ」と考えてしまう気持ちもわかります。しかし1回の調達で少なくとも30社以上は当たるつもりで動いた方が良いでしょう。

就活を思い浮かべてください。同業種の会社でも雰囲気や考え方は結構バラバラですよね? 同様にVC含む投資家はいずれも投資してリターンを得る事が主な目的となりますが、投資家と一口に言っても多種多様で、起業家との相性や考え方、得意領域、投資したい領域はそれぞれ異なります。また断られる背景として、ファンドの償還期限が近くそもそも投資をしていない場合や、競合他社にすでに投資済みで出資を検討できない、という場合もあり得ます。

複数社にコンタクトを取った方が、投資したいと言われる可能性も、相性の良いVCと出会う可能性も上がるため、資金調達時は調達に時間を割き、沢山の人に会うことをおすすめします。(えい)

第37話

折れるまであと63話

リリースまでたどり着けることってすごい？

スタートアップの成功率は極めて低いものです。アメリカのトップＶＣ「Ｙコンビネーター」の創業者ポール・グレアム氏によれば、スタートアップの成功（40億円以上の企業価値がつくこと）は7％しかありません。また、ユニコーンと呼ばれる企業価値１，０００億円を超える会社に大成功する確率は０・３％ほどしかないそうです。

ただでさえ低い成功率ですが、その前にリリースされずに消えていくプロダクト、リリースしたけど誰にも知られずにクローズしていくプロダクトを含めるともっと低くなるでしょう。それだけ事業を成功させるのは難しいことなのです。

お金持ちになりたいという経済的メリットだけでいえば会社員で出世を目指すほうがずっと確率が高いです。しかし、それ以上にやりがいがあり、チャレンジができるのが起業の醍醐味。これが楽しめる人は起業家に向いているでしょう。

（佐々木）

用語

ユニコーン企業……会社の評価額が１，０００億円以上の、未上場スタートアップ企業のことです。定義によっては、テック系企業で創業10年以内という条件が含まれることもあります。また、同様に評価額が1兆円を超えるスタートアップはデカコーン企業と呼ばれます。

第38話

サービス公開日
夕方
…すごい！出したばかりなのにもうDAUが10万人超えてる！
今もリアルタイムですごい人数が見ているよ！
やった…！すごく良い形でスタートできた…！
途中で諦めないでよかった…！
どうもー好調そうで安心しました！
ウマさん！
本当に助かりましたおかげさまで無事リリースできました
いえいえ
お手伝いできるの今日までですが…引き続き頑張ってください！
折れるまであと62話

サービス公開時にやることって？

頑張って準備してきたプロダクトを世に出す時の気持ちよさは何ものにも変え難いものです。仲間と一緒に打ち上げをしたり、お祝いをしたり、お世話になった人に連絡をしたり、顧客からのポジティブなフィードバックを共有したりと、会社内の雰囲気作りに専念するのがおすすめです。

しかし、リリース時というのはプロダクトが最も注目されるタイミングで最大のチャンスですが、逆に言えばリリース後にしっかり事業として成長させないと二度と注目されない「最後のチャンス」でもあるのです。実際に私も起業をしてきて感じるのは、プロダクトのリリース時にメディアが取材してくれることに比べて、リリース後に取材してもらうのはかなりハードルが上がります。よほど実績があったり、事業が伸びていなければ次の新しいネタを探すのが世間というものです。

リリースという最大のチャンスを活かすためにはＰＲを含めたマーケティング戦略も大事です。プロダクト公開後の事業成長ＫＰＩをしっかり定めそれを最大化する工夫をしてください。（佐々木）

用語

ＤＡＵ……Daily Active Userの略で、一日の間にそのサービスを利用したユーザーの数のことです。同様に、ＷＡＵはその週に、ＭＡＵはその月に利用したユーザー数を指します。

第39話

数字は落ちていくもの？

リリース時というものはプロダクトが最も注目されるタイミングのため、実際のプロダクトの品質以上のトラクション（アクセスや会員登録数など成長の兆し）が出てしまい、多くの起業家がそれを実際の実力だと誤解します。ＳＮＳやメディアに掲載されると注目されますが、大事なのはその後に「実際にユーザーの課題を解決できているか」です。これがなければ、必ずどこかでプロダクトは使われなくなっていきます。

ウサギさんの場合で言えば次の日のＤＡＵ（1日にアクティブになる人の数）が半分になるというのはまさにこれに該当していると言えます。数値が落ちるのを放置せず、早急に手を打つべきでした。それだけユーザーが日常的にプロダクトを作ることは難しいのです。初動の数値に浮かれることなく、またユーザーに使ってもらうためにするべきことをしていきましょう。

（佐々木）

用語

トラクション……成長の兆しが見える、勢いづいていることを示す指標のことです。指標としては、ＤＡＵやＷＡＵ、継続率、成長率、会員登録数などが用いられることが多いです。

第40話

公開2週間後
ついにKPIが
想定の半分以下に
なっちゃった…
…もしかして
ニーズない…？
…いやでも
このサービス
見てる人もいるし…
見てる人が
いるってことは
ニーズがあるんだ！
アンケートや
インタビューで
改善点いっぱい
見つかったし！
あとは
直すだけなんだ！
大丈夫なんだ
誰が
なんと言おうと
絶対に大丈夫な
はずなんだ…！
折れるまであと60話

サンクコストにとらわれている？

心血を注いでリリースしたプロダクトに「ニーズがないかも？」という不安はすべての起業家が持っているものです。そしてこの時にこそ、起業家の適性が最も出ると言っても良いでしょう。

1. 大胆にピボットをする
2. 現状のまま粘る
3. 諦めてしまう

どの選択肢を取るかで結果は大きくかわります。また、どの選択肢がベストかは状況によるので万能解はありません。起業家はユーザーのニーズに向き合い、弱気になる心と闘いながら、何がベストなのかを決めなくてはいけません。この決断は大きなストレスがかかり眠れない夜を過ごすものですが、逃げずに向き合わなければならないのも起業家のつらいところです。

一つだけ言えるのは「いままでやってきたから大丈夫」というのはとても危険な心理状態です。サンクコスト（いままで費やした時間や労力）があるから引っ込みがきかない状態で突っ込むと、待っているのは悲惨な結末です。大丈夫と判断するなら、具体的な数値や原因分析と共にするべきでしょう。

（佐々木）

第41話

この機能が使いにくいってレビューで良く書かれているし
これを直したら継続率が上がるかもしれません
やってみましょう!
機能調整後
KPI 良くも悪くもならなかったね…
ヘビーユーザーさん毎日の記事が多すぎるって投稿してたよ
ずっと使ってくれてる人だしたぶん正しい事を言ってるはず…
じゃあ今後は記事の数絞ってみよう
その後
KPI 悪くなったね…
折れるまであと59話

ユーザーの意見をもっと参考にすべき？

プロダクトをリリースするとユーザーから本当にさまざまな意見をもらいます。褒められて高評価をいただくことがあるのと同時に、手厳しい意見ももらうものです。

事業開発で最もやってはいけない失敗の一つが「ユーザーの要望通りの機能を作ってしまうこと」です。アメリカのフォード自動車の創業者であるヘンリー・フォード氏はこのように語っています。

「もし顧客に何が欲しいかと聞いていたら、みな『もっと速い馬』と答えただろう」。車が存在しない時代に、より良い馬車を求めたように、ユーザーは自分に必要なものは分かっていません。直接ほしい機能を聞いてその通りにするとほぼ１００％失敗します。

今回のウサギさんが良くなかったのは、プロダクトの提供する価値を忘れユーザーの意見に振り回されたことです。ユーザーは良くも悪くも好き勝手な意見を言うので、それが本当にプロダクトにとって役立つものかは分かりません。それを判断することも起業家の大事な仕事なのです。

ユーザーからのフィードバックで迷ったら、原点に立ち返り「誰のどんな課題を解決するのか？」を忘れないようにしてください。すべてのプロダクトは課題解決をするために存在しています。あなたのプロダクトが解決する課題は、何ですか？

（佐々木）

第42話

パンダさんから メールだ
なになに 大ニュース…?
キリンさんが 大企業に XX億円で 売却!?
早すぎる…!
あ おめでとうの連絡 しなきゃ
…
…同期がもう Exitしてるのに 僕たちは…
いや… あまり 考えない ようにしよう
僕たちだって 前に進んで いるんだし…
折れるまであと58話

同期の起業家と比較すると焦る？

アクセラレーターの同期がすでに起業家として成功していたら、どうしても焦ったり不安になったりするものです。痛いほど気持ちは分かりますが、これはすべての起業家が感じることなので、必要以上に不安になることはありません。世の中には学生起業で大成功したビル・ゲイツ氏やマーク・ザッカーバーグ氏など「超例外スター起業家」がいるので彼らばかり注目されますが、実際にアメリカで大成する起業家の年齢は40代が中心というデータがあります。若くして成功した人がいたからと言ってそれがすべてではないので、自分のするべきことに集中するべきです。

学生起業をしたけど、その後鳴かず飛ばずで中小企業化していくスタートアップを数多く見てきました。何十億と資金調達をしたのに倒産した会社もいくつも見てきました。一見すると成功に見えるものも、一時的なものでしかない場合もあります。焦る気持ちは良い意味でやる気にして、自ら設定したゴールに向かい自分の事業と顧客に向き合っていきましょう。

（佐々木）

用語

イグジット……ＩＰＯする、もしくは株式を売却することを指します。株式で資金調達した場合、イグジットしないと投資家にリターンを出せないため、必ずこれを目指すことになります。

第43話

…？
そういえば最近ずっとお腹が…一応病院行っておこう
病院
ウサギさん検査結果が出ました
はい！
検査しても特に異常はなかったので…おそらく過敏性腸症候群です
かびん…？
ようするにストレス性の腹痛でしょう
なにかストレスに心当たりあります？
あー…それは…はい心当たりいっぱいあります…

折れるまであと57話

疲れていても全力で働くべき？

長時間、ストレスフルに睡眠や娯楽を削って働くと、当然ながら心身ともに疲労が貯まって次第にガタがきます。そうなると思考の質も集中力も減ってしまい、事業の成長に悪影響を及ぼすため、そうなる前に意識的に休むようにしましょう！　この場合の休息は心身を休めることが目的なので、遊びに行ったり（仕事以外の）やりたいことをしてリフレッシュしたり、少し長めに寝たりマッサージに行く等して心と体を休めましょう。また、仕事時間が長いということはパソコンの前に座っている時間も長くなるため、運動不足になって体力が落ちかねません。体力が落ちると疲れやすくなり、やはりパフォーマンスが落ちてしまうため、体力作りや健康のためにも定期的に運動することをおすすめします。週に1回1時間ジムに行くだけでも違います。

なお、よく言われる話ですが、歳を重ねると疲れやすく、徹夜がかなり辛くなります。個人的には30歳前後にそのボーダーがあるような気がします。連続で徹夜する前提のスケジュールを組むと、20代のうちは良くても30歳を超えると対応しきれなくなり、結果どんどん予定が遅延していくことになります。起業家といえど、休まず何時間でも仕事すればそのうち終わるというスタンスではなく、規定時間内でこなせるように効率的に動きましょう！

（えい）

第44話

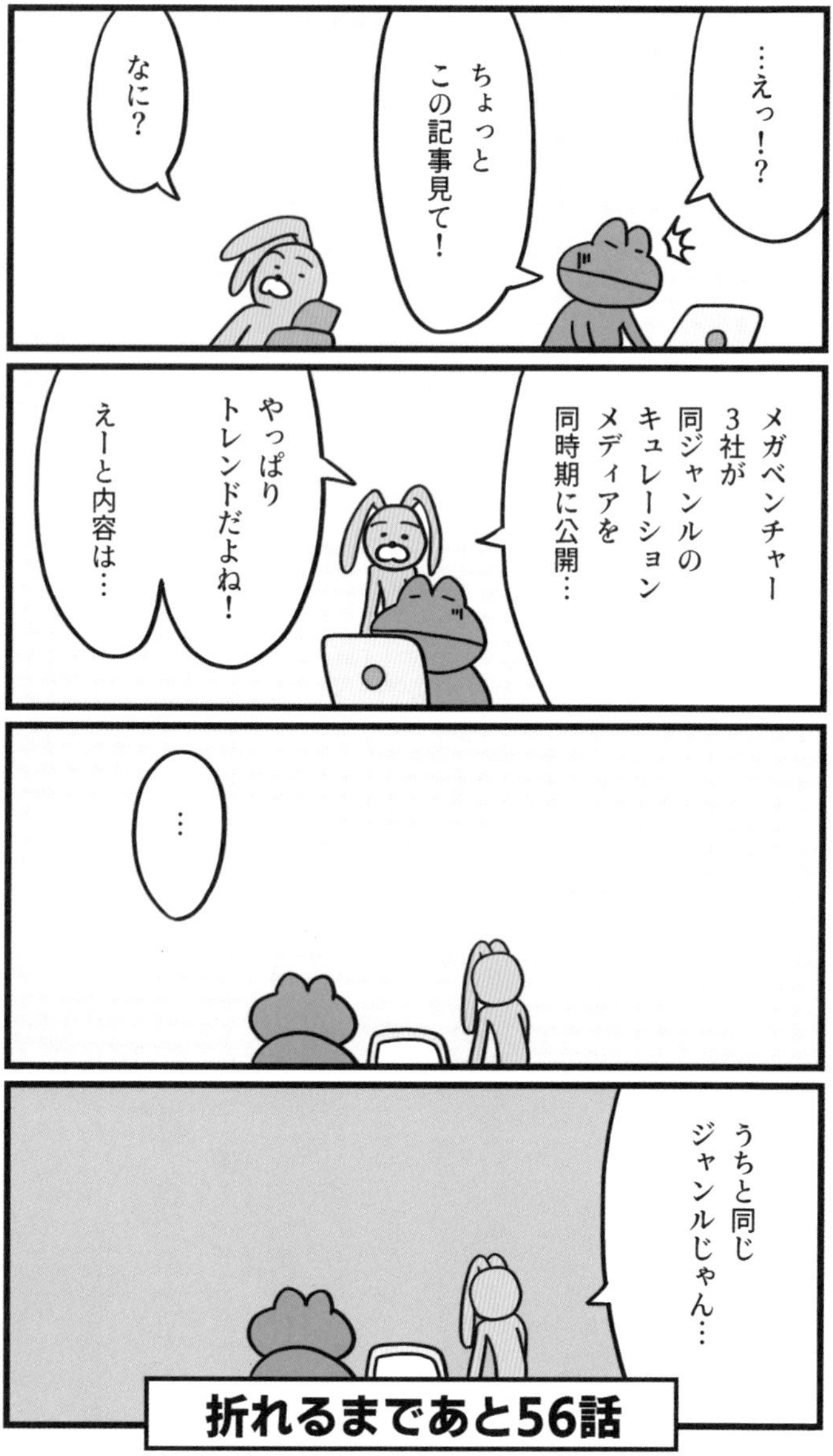
…えっ!?
ちょっと
この記事見て!
なに?
メガベンチャー
3社が
同ジャンルの
キュレーション
メディアを
同時期に公開…
やっぱり
トレンドだよね!
えーと内容は…
…
うちと同じ
ジャンルじゃん…
折れるまであと56話

大手から競合サービスが出たら勝てない？

スタートアップが資金調達をするとき投資家から最もよく聞かれる質問の一つが「大企業が参入してきたらどうしますか？」です。有望な市場には大手が必ず参入してきます。強い競合の参入という最悪の事態が起きる前提で、事業の競争優位性を構築することこそ事業戦略なのです。これをMoat（堀の意味）を築くと言い、敵が来ても問題ない状態を作ることが大事になります。そして基本的にはスタートアップの競争優位性は「意思決定スピード」だけ。最速でユーザーに愛されるプロダクトへの改善に専念してください。

一方で、すでに大手企業がいる領域は可能性がないのかと言うと、必ずしもそうではありません。例えば、フリマアプリのメルカリは「ヤフー！オークションがあるので使わない」と言われていましたが、商品をすぐ購入したいユーザーのニーズを捉えました。解決されていない課題を解くことができたら、どんな状況であってもチャンスはあります。

（佐々木）

用語

競合……自社サービスと似たサービス、もしくはそれを提供している企業を指します。またコーヒーにおけるコーヒーショップとコンビニのように競合といっても同業種とは限りません。

第45話

…わかった 今後も頑張って！
ありがとう ございます…
では 失礼します
みんな 聞いてください
今のメディアですが KPIが悪化し 大手から競合が 3つも出ていて…
…申し訳ないですが これ以上続けても チャンスは ないと思います
サービス…
終了しましょう
折れるまであと55話

サービスの終了って会社としての終わり？

サービスを終わらせる事業撤退の決断はまさに断腸の思いであり、我が子を殺すような感覚で、とてもすぐ立ち直れるものではありません。しかし、それでもすぐに気持ちを切り替えないと会社が潰れてしまうのが起業家のつらいところです。実際のところ、最初にリリースしたプロダクトがうまくいかないタイミングで心が折れて諦めてしまう起業家は多くいます。

しかし、１回目にリリースしたプロダクトで大成功する会社などほとんど存在しないのも事実です。今では成功している会社であっても、最初は何度もプロダクトをリリースし、改善を繰り返し、多産多死を繰り返すことで成功していきます。私自身、事業売却に至るまで何度もプロダクトを作っては潰してきました。決して珍しいことではないありふれた悲劇です。

しかし同時に、事業に可能性がないと判断できるサービスを終わらせることは、ダラダラと成功の兆しがないまま運営を続けるよりはるかに良いことと言えます。

感情的な理由から、自分が手塩にかけたプロダクトを潰す判断ができない起業家も多いため、戦略的に冷静に撤退をすることも時には必要なのです。やりきれないつらい気持ちは仲間と一緒に慰めあいながら、次に作るべき事業を探していきましょう。

（佐々木）

第46話

今ちょっといいかな?
あっ
この感じは…
もう会社
やめようと思って…
やっぱり…
…うん
…わかった
今までありがとう
ごめんね…
じゃあ
…また
創業メンバー
もう僕だけに
なっちゃったな…
折れるまであと54話

いつ起業するのが良い？

いつ起業するべきかと聞かれた場合、僕は「なるべく早く、いますぐにでも！」と答えています。「とりあえず一旦就職し、ひとまず３年は勉強してから起業しよう！」と考える方は多いかもしれませんし、就職してスキルを身に着けてから起業というのは一見順当なコースに見えます。しかし、特殊な商習慣のある業界は別として、同じ仕事をするのであれば、社員として振り分けられる仕事だけをこなすより、すぐに起業して長時間ハードに全力で挑む方が、より多岐に渡る仕事に、より真剣に取り組み、身につくスキルの質も量も高くなります。

就職して研修やＯＪＴをこなしてもスキルは手に入らないというわけではありませんが、基本的に教育は「その会社で活躍するためのスキルを獲得してもらう」ことを目的に設計されているため、起業を見据えた場合に欲しいスキルと完全に一致することは稀です。かつ、起業に必要なスキルは実際に起業しないと得難い部分が多い、ということもあります。更に、３年も経つと動きの早い業界なら別物に様変わりしていますし、自分の体力も落ちますし、その間に結婚したり子供が産まれたりすると起業を反対される可能性も増えます。また、早く起業する方が失敗した後に再挑戦できる回数も増えます。……ということで、僕は「起業したいならなるべく早く起業しよう」派です。　（えい）

第47話

折れるまであと53話

イヌさんからの見え方

笑顔の裏に不退転の覚悟!?

カエルさんが辞めそうな雰囲気は何となく感じていました。参画当初から「スタートアップには向いていないタイプかもしれない」と、率直に採用を見誤ってしまったのだと割り切りました。それよりも、初めて自分たちの力で生み出したサービスが世の中に受け入れられなかったことがとても悔しく、ふつふつと心に燃えたぎるものが生まれていました。あれだけ一生懸命作ったものがなぜ認められないのか？　ペインポイントやバーニングニーズ、ＰＭＦと言った言葉を知らなかった当時は、このまま不完全燃焼で終わらせたくない気持ちで溢れていました。失うものが何もない状況になり「逆に二人だけでここから這い上がれたらめちゃくちゃ格好良いのでは？」と、妙にワクワクしていたのが本当のところです。ウサギさんのゲッソリした姿を見て「次こそは成功させてみせる」「一緒に世界を獲りにいきましょう……！」という熱い思いをもって、辞めるつもりはない旨をお伝えしました。

また、従業員の立場としては、仮に会社が潰れたとしても次の職場を探せば済む話ですし、倒産なんて大きな会社ではなかなか得られない経験ですからね。どちらに転ぶにせよ人生の糧になると判断し、続ける決意をしました。もちろん、起業家に面と向かってこんなことは絶対に言えませんが……（苦笑）。

コラム

相談すべきは起業家仲間？

連載開始前に起業家仲間に「こんなマンガ書こうと考えてる」という話をしたら「いいじゃん！」と反応をもらい、それがモチベーションの一つになっていました。しかし、連載終了後に「実は当時、何言ってんだ？と思ってた」と言われ、まったく理解されていなかったことにしょんぼりしました。

前述の通り連載初期はほぼ反響がなかったのですが「いいじゃん！」を信じて、有名な起業家やVCを片っ端からフォローして反応がもらえることを祈ったり、ほぼ無関係なハッシュタグを沢山つけてみたりと、まとめて投稿する以外にもあれこれヤケクソやっていました（笑）。それが功を奏したのか、徐々に火が付き、最終的に5万人弱にフォローしていただけたのですが、結局何がきっかけだったのかは未だにわかっていません（笑）。

起業家仲間には背中を押してもらったようなものです。相談をしていなければ、ここまでやりきれなかったかもしれないと思うと、よくわからないアイデアに「いいね」してくれたことに感謝です。

第3章

邁進期

第48話

さて…
イヌさんが残ってくれて助かったけど
何をやるにしてもまたお金を作らないと
次のサービスを出す前に会社が無くなっちゃう
投資は無理だろうし融資も400万借りた直後には難しそう…
メンバー2人プロダクトは無しあと4か月でお金は無くなる
…もしかしてどうしようもない？
折れるまであと52話

創業初期の雇用形態って何が良い？

事業を進めるには人が必要です。「人を増やす＝正社員を増やす」と考えがちですが、業務委託やインターンなどさまざまな雇用形態があり、それぞれ良し悪しがあります。特に創業初期は正社員で採用するという前提から検討しましょう。例えば、正社員は労働契約法16条にある通り、社員側に大きな問題のない場合の解雇は無効になるため、基本的に解雇はできないと考えるべきです。一方で、業務委託の場合は期間満了時に契約を更新しないことを決められるため、比較的柔軟に整理できます。

また、一流人材は正社員での採用は難しくとも副業でなら参加してもらいやすく、そういう方のパフォーマンスは副業だとしても普通の正社員より高い場合がままあり、業務委託で働きつつお互いを知ってから正社員へ、というルートもあり得ます。「絶対に正社員で採用したい！」という気持ちもわかるのですが、目指す方向への共感を重視して、個人的には業務委託での採用をおすすめします。

（えい）

用語

業務委託……雇用関係を結ばず、お金を払うので業務を遂行してください、という契約のことを指します。雇用はしていないため、厳密には雇用形態ではありません。ちなみに業務委託の場合でも有期雇用契約期間中の一方的な契約解除は違法になるのでその点は注意です。

第49話

深夜
やっぱり寝られない…
寝酒にビール飲もう…
プシュ
う—…
最後に飲まずに寝られたのっていつだっけ…？
折れるまであと51話

ずっと仕事のことを考えるべき?

スタートアップの起業家は起きてる時間を全部仕事に充てるべきだ、と言われることがあります。言いたいことはわかるのですが、実際にそうすると必ずどこかで息切れしちゃうので、少しでも良いので定期的に仕事から離れて息抜きする時間を作るべきです。起業家は息抜きの時間を作っても結局仕事のこと考える生き物なので、例えばフットサルなどのスポーツや映画、マッサージなど、パソコンやスマホが強制的に使えなくなる環境がオススメです。ちなみにぼく個人はサウナを良く使います。最近はコワーキングスペースのついたサウナも多く、リフレッシュして頭がスッキリした状態ですぐ仕事することができるので、疲れた時には一度試してみてほしいです。

なお念のため、起業家の本分はもちろん仕事なので、ただ単に息抜き目的で仕事をほっぽりだして1か月間海外旅行に行ったりするのは避けた方が良いです。場合によっては投資家から普通に怒られるので、息抜きしすぎには気をつけましょう。

また、ストレス解消のために犯罪行為や倫理的に問題なことをするのは絶対にやめましょう。社員がやった場合ですら厳しいダメージになりますが、起業家がやってしまった日には一発で会社全体が致命傷を負いかねません。

(えい)

第50話

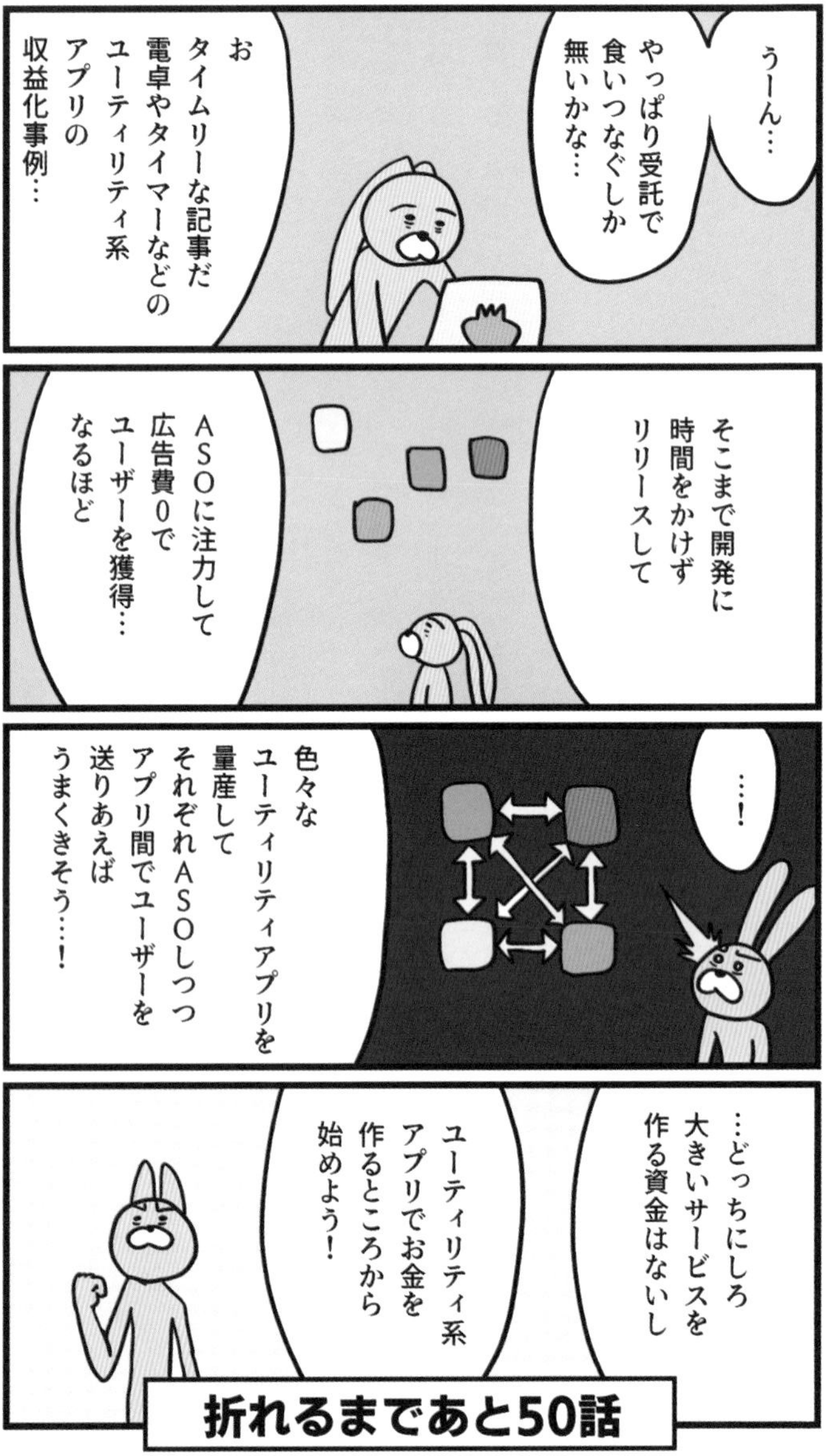
うーん…
やっぱり受託で食いつなぐしか無いかな…
おタイムリーな記事だ電卓やタイマーなどのユーティリティ系アプリの収益化事例…
そこまで開発に時間をかけずリリースして
ASOに注力して広告費0でユーザーを獲得…なるほど
…!
色々なユーティリティアプリを量産してそれぞれASOしつつアプリ間でユーザーを送りあえばうまくきそう…!
…どっちにしろ大きいサービスを作る資金はないし
ユーティリティ系アプリでお金を作るところから始めよう!
折れるまであと50話

サービス終了後ってどうする?

スタートアップがサービスを終了して取るべき選択肢は大きく2つあります。

1. 残り資金で次のプロダクトをリリースする
2. 日銭を稼ぐ別の事業をする

会社の状況にもよりますが、ほとんどの会社は2の選択肢を取るでしょう。ビジネス側の職種出身の起業家であれば代理店やコンサルティング、エンジニア出身の起業家であれば受託開発で食いつなぐことがほとんどです。これは会社を死なせないために大事ですが、いつまでも日銭のための事業をしていると新しいプロダクトを作れません。このジレンマで多くの起業家が悩み、時にはあきらめてしまいます。つらいタイミングですが、次の打ち手を模索しつつ潜る「仕込みの時期」にすると次のチャンスが巡ってくるものです。

(佐々木)

用語

ＡＳＯ……App Store Optimizationの略で、App StoreやGoogle Playで行うＳＥＯのことです。検索順位向上の他、コンバージョン率の改善等も含まれますが、以前ほどは劇的な効果が見込めないため、ＡＳＯ一本で勝負するのは難しくなってきています。

第51話

というわけでまずは ユーティリティ系の アプリをたくさん 作っていきましょう！
了解です！
アプリに広告 乗せるって 事ですよね？
そうです！
了解です となるとここは…
そこは…
…
…
3週間後
…はい まずは1本目 公開されました！
ありがとう ございます！
ひとまず リリース出来た…
収益出るよう 祈ろう…！
折れるまであと49話

生き延びるための割り切りは必要？

取り組んでいたサービスを停止させた場合、会社を潰す選択肢を取らないのであれば、次の挑戦のためにまずはなんとかして生き残る必要があります。しかし、仮に生き残るために受託開発を始めたとしても、自分の興味で受ける仕事を選んだり、自分の納得を優先して過剰品質にしがちです。これは、生き残って再挑戦するという目的を考えるとよくないです。無駄なことはせず、単価が高い仕事を優先して受けるべきです。少しでもやりたいことに近い仕事を、という気持ちはわかるのですが、中途半端な状態で長期間続けるよりも、割り切って短い期間でこなす方が結果的にモチベーションも維持しやすいため、「いまは生き残って体力をつけるフェーズだ！」としっかり割り切って動くことをおすすめします。そもそも起業している時点で色々割り切れているはずなので、起業当初の気持ちや目的を思い出し、目的達成のために注力しましょう。

ちなみにこのマンガ、当初は動物ではなく人間のキャラクターで書くつもりでした。全員同じ人に見えるという僕の画力の問題で割り切って動物に切り替えたのですが、話のエグさやきつさが軽減される効果もあったため、「はじめに」に書いたような目的を考えれば、割り切って無理に人間でやらなくて正解だったと思っています。

（えい）

第52話

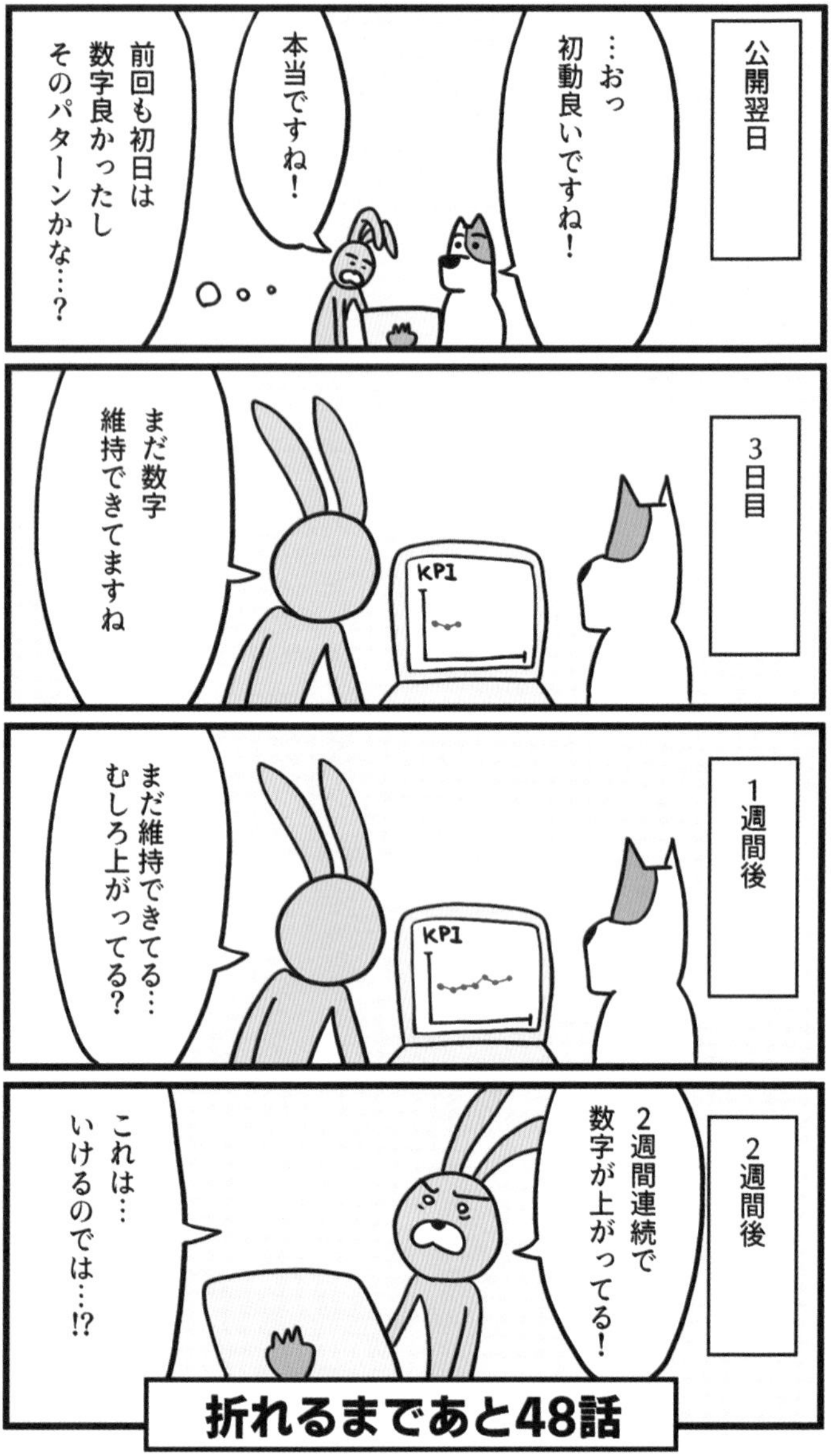
公開翌日
…おっ 初動良いですね！
本当ですね！
前回も初日は 数字良かったし そのパターンかな…？
3日目
KPI
まだ数字 維持できてますね
1週間後
KPI
まだ維持できてる… むしろ上がってる？
2週間後
2週間連続で 数字が上がってる！
これは… いけるのでは…!?
折れるまであと48話

良さそうな兆しは喜んでいい？

スタートアップにとって良さそうな兆しというのはモチベーションを維持するためにとても大事なものです。成功の兆しがないまま事業をずっと続けられるほど人間は強くできていません。良い結果が出た時は、何はともあれ素直に喜んで仲間と共有しましょう。特にウサギさんのように、１週間ごとに数値を比較して伸びているのはとても良い兆しと言えます。社内の雰囲気も良くなり、モメンタムが生まれそうな良い空気が出てくるのでこれを次の改善のために活かしましょう！

ユーザーが使ってくれるということは、プロダクトが何かしらの課題を解決できている証拠です。ぜひユーザーヒアリングを実施し、何が評価されているのか調べてください。そこに事業を成長させる大事なヒントが隠されているはずです。じっくり足元を固めるために情報を集めましょう。できる限りうまくいった原因を分析し、それを再現することが次の成功につながっていきます。

プロ野球の故・野村克也監督が発したとして有名になった「勝ちに不思議の勝ちあり。負けに不思議の負けなし」という言葉があるように、不思議とうまくいく時はあるものです。これはスタートアップ起業家にとって成功のためのヒントでもあります。喜びつつも冷静に、もっと大きな良いことのために集中することが大事です。

（佐々木）

第53話

ユーザーからの
レビューが
たくさん来てますよ！
みたいです！
どれどれ…
使いやすくて便利
愛用してます！
シンプルに
オススメです
作ってくれて
ありがとう！
じーん
人の役に
立てているの
素直に
嬉しいですね！
はい！
モチベーションが
上がってきますね！
折れるまであと47話

ユーザーからの反応が嬉しい！

プロダクトを作っている人間にとってユーザーからのポジティブなフィードバックほど嬉しいものはないでしょう。プロダクトを褒められること、お礼を言われることはサービス提供者冥利に尽きます。逆に言えば、プロダクトを通じて感謝されること以外にはなかなか起業家がやっていて良かったと思える機会もめったにありません。

こういう時におすすめなのは「特に良いレビューのスクリーンショットを撮影して社内でシェアする」です。画像でストックしておくと、後から入社した人でも簡単に見れますし、もし会社がイグジットして成功した時などエモい感情にひたりながら「ああ、これが始まりだったな……」なんて振りにもなります。小さな工夫ですが、良いことは仲間みんなで分かち合うことで長くつらい日々を乗り越える原動力になってくれるのです。

起業家の仕事は事業と会社を作ることですが、同時に「会社に良い雰囲気を作る」ことも大事な仕事です。自分たちの仕事が誰かの役に立っている、それをできる限り見える化しておくだけでもメンバーのモチベーションは上がるものです。自分たちが作っているものが世の人にどういう影響を与えているのか、ぜひ共有してください。

（佐々木）

第54話

売上入金される予定日の朝
よし9時になったネットバンクの画面を更新して…
売上が振り込まれてる…！
もちろん広告のレポートで売上が入るのはわかっていたけど…
実際に振り込まれてようやく実感が湧いてきた…！
初めて売上を作ることができたんだ！
この売上でまだ頑張れる！
やるぞー！
折れるまであと46話

売上って大事？

事業を続けていくためには売上が立たなければいけませんが、これがいかに大変なことかは事業立ち上げを経験した人でなければ分からないでしょう。人からお金を払ってもらうというのは本当に大変なことである分、初めて売上が発生した時は忘れられないくらい嬉しいものです。

スタートアップの最初の売上は小さく、まだまだ赤字であることも多いですが、それでも売上が発生するというのは大事なことです。売上があることで次の資金調達や、人を採用したり攻めの行動がしやすくなります。事業を大きくするうえで大事な最初の一歩と言えます。

そして起業家が意外と忘れがちなのは「売上をしっかり回収すること」です。慣れていないと売上発生＝現金発生のように感じてしまいますが、実際に法人相手だと最長で2か月弱も着金までリードタイムがあります。また、売上があったとしても相手担当者の請求書の出し忘れや稟議の通し忘れなどのヒューマンエラー、売掛金の踏み倒し等によって入金されず、最悪の場合には黒字倒産にもなりかねません。お金の管理はシビアに保守的に、油断せず自社の銀行口座に着金するまでしっかり追いましょう。売上を作るのと同じくらい、お金の回収も大事です。売上こそ事業を動かすガソリンですので、売れたらキャッシュフロー管理することを忘れないようにしましょう。

（佐々木）

第55話

居酒屋
久々に起業サークルのメンバーと飲み会…
おまたせー
おっ！社長が来た！
キュレーションメディアは順調？
あ…
いやあれはもう止めたんだ
えマジ？諦め早すぎない？
社長ーしっかりしろよ
…ええと
あれさあれをこうしてたら絶対もっとうまくいったって！
これ思いつかなかった？もしまたやるならこのアイデアタダで使っていいよ
…ソダネー
なー！単純な案の方が効果的だったりするんだよなー社長！
折れるまであと45話

他人のアイデアは取り入れるべき？

「あるある！」という怨嗟（？）の声がものすごく多かった、スタートアップの経営者ならほぼ全員経験しているであろう、「タダでアイデアあげるよ」回です。事業を一番考えていて、一番詳しいのは起業家です。そのため、こういう時に提案される案はすでに検討済みで、やらないと決めたものである場合がほとんどです。しかし、相手は少しドヤる意図も感じつつも、基本的には善意で言ってくれているのもわかるので、その場ではすぐに消化できない感情になりがちです。その割によく発生するやり取りではあるのですが、当然ながら無理に反論する必要はないので、気にせずにこやかに流して事業に集中しましょう！

当たり前のことですが、ツイッターなどで「素人が口出すなって（笑）」みたいな投稿は絶対にしてはいけません。これに限らず、起業家がSNSやブログで炎上するとデジタルタトゥーとしてその記録が残り、会社や事業が死ぬ原因になりますし、リカバリーできたとしても時間がかかります。

ちなみに完全な僕の肌感ですが、スタートアップのCEOって「社長！」って呼ばれるの嫌がる人が多い気がします。法人営業などで起業家に当たる場合は頭の片隅に置いておいても良いかもしれません。（えい）

第56話

Bar Bubble
…という感じで 売上が出来て なんとかなりそう
ほんと？ 良かった！
2年も 頑張ってたもんね
…えっ？
あー
そうかもう 2年になるのか
ほんと 色々あったな…
彼女や犬さんが いてくれなかったら とっくに 心折れてたかも
…いつも話 聞いてくれて ありがとう
！
どういたしまして
折れるまであと44話

自分の周りの人に報告すべき？

起業をすると1年はあっという間に過ぎてしまうものです。そして毎年思う「今年もなんとか生き残れた……」という安堵がスタートアップ起業家のあるあるです。それくらい会社を生存させるのは難しいことです。時が流れるのが早いということは起業家がそれだけ事業に集中していることの証でもあり、誇るべきことでもあります。自分の努力を定期的にぜひ労ってあげてください。

アメリカの統計情報によると、10社のうち9社が事業黒字やイグジットを迎えることなく死んでいきます。スタートアップにとって会社が存続することは決して当たり前ではなく、生き残っていることそれ自体に大きな価値があるのです。

私が起業家におすすめしたいのは、会社が成長したり、良いことがあった時は、自分の周りにいる家族や友人、恋人にも言える範囲で報告することです。仕事の悩みは永遠に消えないものですが、その悩みを薄めることはできます。社員など会社の仲間と苦楽を共にすることは当然ですが、周りにいてくれる人もあなたを支え続けてくれていることを忘れないようにしましょう。仕事がうまくいかない時、相談できる利害関係のない友人がいかに大事であることか。起業家こそ会社だけでなくプライベートの人間関係を大事にして、その感謝の気持ちをしっかり相手に伝えましょう。

（佐々木）

第57話

アプリ2本目
公開1週間後
2本目も
調子良いです！
嬉しいですね！
1ヶ月後
3本目
できました！
お！
速いですね
リリース
お願いします！
さらに
2週間後
3本目も
好調です！
相互送客も
うまく
行っているようで
最初の2つも
数字上がってます！
おおー！
この調子で
ガンガン前に
進みましょう！
進みましょう！
折れるまであと43話

小さな成功も大事？

スタートアップ本来の目的は「短期で非連続な事業成長をすること」にあるため、大きな成長が期待できない事業に時間をかけすぎるのは好ましくありません。そういう意味では短期間でいくらかキャッシュフローが改善したとしても、大きく伸びる事業になる見込みがないのであれば長期的には失敗しているとも言えます。これがスタートアップと中小企業の大きな違いなのです。小さな成功をいくら重ねたとしても、あくまで大きな成功の仕込みを忘れてはいけません。

とはいえ、小さな成功すら出せないとメンバー全員のモチベーションが続かないため、小さなヒットで良いので実績を残すため一つずつ成功を積み重ねることも時には必要です。それに、売上が立つことはそれだけ会社が長生きできることにつながるので喜ばしいことと言えます。

特に不景気の中ではなかなか新しい投資も受けにくくなり、スタートアップはバーンレート（会社のお金の消費率）を下げつつ事業を磨き込む必要があるため、会社が死なないために売上を作ることが必要なこともあります。ビジネス職であれば代理店やコンサルティング、開発職であれば受託開発で食いつなぐなど、自分の強みを活かしてお金を稼ぐと効率が良いでしょう。大きな目標を達成する事業のため、虎視眈々と仕込みをしていってください。

（佐々木）

第58話

…イヌさん！
なんと！
ついに！
黒字化しました！
しかも利益幅だいぶ多め！
おおおおおー！
やりましたね！
…僕もずっと肩に力が入っていたのですがぐっと緩みました
…確かに
売上はすべてを癒すって良く聞くけど…
あれ本当だ気持ちがめちゃくちゃ楽になったし超勢いづいてる
…今までで一番頑張れそうです！
折れるまであと42話

売上はすべてを癒やすって本当？

スタートアップ界隈で有名な言葉に「売上はすべてを癒やす」というものがあります。これは僕も実際に体験したのですが、赤字続きで資金に余裕がない状態から黒字転換まで持っていけると、それまでのネガティブな出来事がほぼ吹っ飛ぶくらい気持ちが楽になります。黒字化というのは出ていくお金より入ってくるお金の方が多い状態になったことを示しますが、当時はお金が減らないどころか「増えるなんてことがあり得るんだ！」と驚いた覚えがあります。お金が増えるということは、それくらい「自分たちの事業が認められた、受け入れられた！」ということでもあるので、それはもう最高の気分でした。

ただし、特にスタートアップの場合は意図的に赤字を掘ることも多く、売上を積極的に再投資したことで赤字になっている場合もあるため、黒字化した方が赤字の会社よりえらいという単純な話ではない点は注意です。

（えい）

用語

黒字……一定期間のキャッシュフローがプラスになった状態を指します。その月のキャッシュフローがプラスなら単月黒字、その年がプラスなら単年度黒字、創業後全体のキャッシュフローがプラスなら累積黒字となります。

第59話

パンダVC
ということで黒字になりました！
いいね！かなり良い状況だね
そうだ売上がきちんと発生しているなら税金も忘れずに支払おうね
わかりました、準備しておきます！
じゃあ今日はこれで引き続き頑張って！
オフィス
えーと次は法人税…
なるほど今年の利益と前の年の赤字額を合わせて算出できるのか
ということはイメージしていた金額より全然安くなる！
法人税はこれでOK次は消費税…
折れるまであと41話

社会保険とか税金ってどう対応する？

社会保険やら法人税やら何が何やら…という方も多いと思いますが、ことスタートアップ起業家の場合それではまずいので、きちんと対応していく必要があります。社会保険については、実は社会保険という保険そのものはなく、健康保険や雇用保険などの5つの保険をまとめてそう呼びます。法人はこの社会保険への加入を義務付けられているため、基本的に必ず加入するものだと考えてください。税金は文字通り税金で、主に法人税、住民税、消費税などがあります。売上で計算するものも、利益で計算するものもあり、当然納める義務があります。また、法人ではなく従業員の住民税などの納入を会社が代わりにやることも一般的です。

……と、このように社会保険や税金周りは要素が多くすべて把握するのは難易度が高いです。起業家の本分は税務ではなく事業そのものなので、ここは時間を使わずにお金かけてでも素直に顧問税理士を立てておくことをオススメします。

（えい）

用語

社会保険……健康保険、介護保険、厚生年金保険、労災保険、雇用保険の5つの総称で、企業は加入を義務付けられています。忙しいと忘れがちですが、社員が増えるたびにその旨申請する必要があります。

第60話

黒字化できたけど
もう少し売上あると
安定するな…
何か良い
アイデア
ないかな…?
よっぽどローカルに
根ざした事業でない
限り、
海外展開を前提に
しましょう!
…それだ!
翌日
ということで
今まで出した
アプリを…
多言語対応して
海外展開
しましょう!
翻訳はどう
するんですか?
…ひとまず
De◯pLで
出してみて
好調なら
また考えましょう
折れるまであと40話

クレジットカードは作らないとダメ？

創業初期にやるべきタスクの一つに、法人用のクレジットカードの作成があります。スラックやグーグルなど、ほとんどのＷｅｂサービスの支払いはカードで行うため、手元にないと思うように動けなくなります。全部銀行振込でやることもできなくはないですが、個人のそれとは比較にならない数の取引を行うことになるため、管理工数を考えると避けるべきでしょう。そして、限度額はできるだけ高くすることをおすすめします。個人用と同じ感覚で限度額を20万円くらいにするとすぐに上限に達してしまい、慌てて別のカード会社と契約するハメになります。そうすると管理コストが上がってしまうので、カードはできるだけ限度額が高いものに集約するようにしましょう。

また、支払いタイミングが遅いカードの方がオススメです。各種売上は月末最終日に入ってくることが多いため、キャッシュフローを考えると翌月15日支払いのカードより、翌々月１日支払いのものの方が「何とかなる」可能性が高いためです。

なお、銀行口座については、事務処理を考慮すればネットバンクが良いでしょう。また、海外からの送金を受ける場合は海外取引に対応している、ＳＷＩＦＴコードがある銀行を選ぶ必要があります。管理コストを考えると、後から別の銀行で口座を開設することはオススメしません。（えい）

第61話

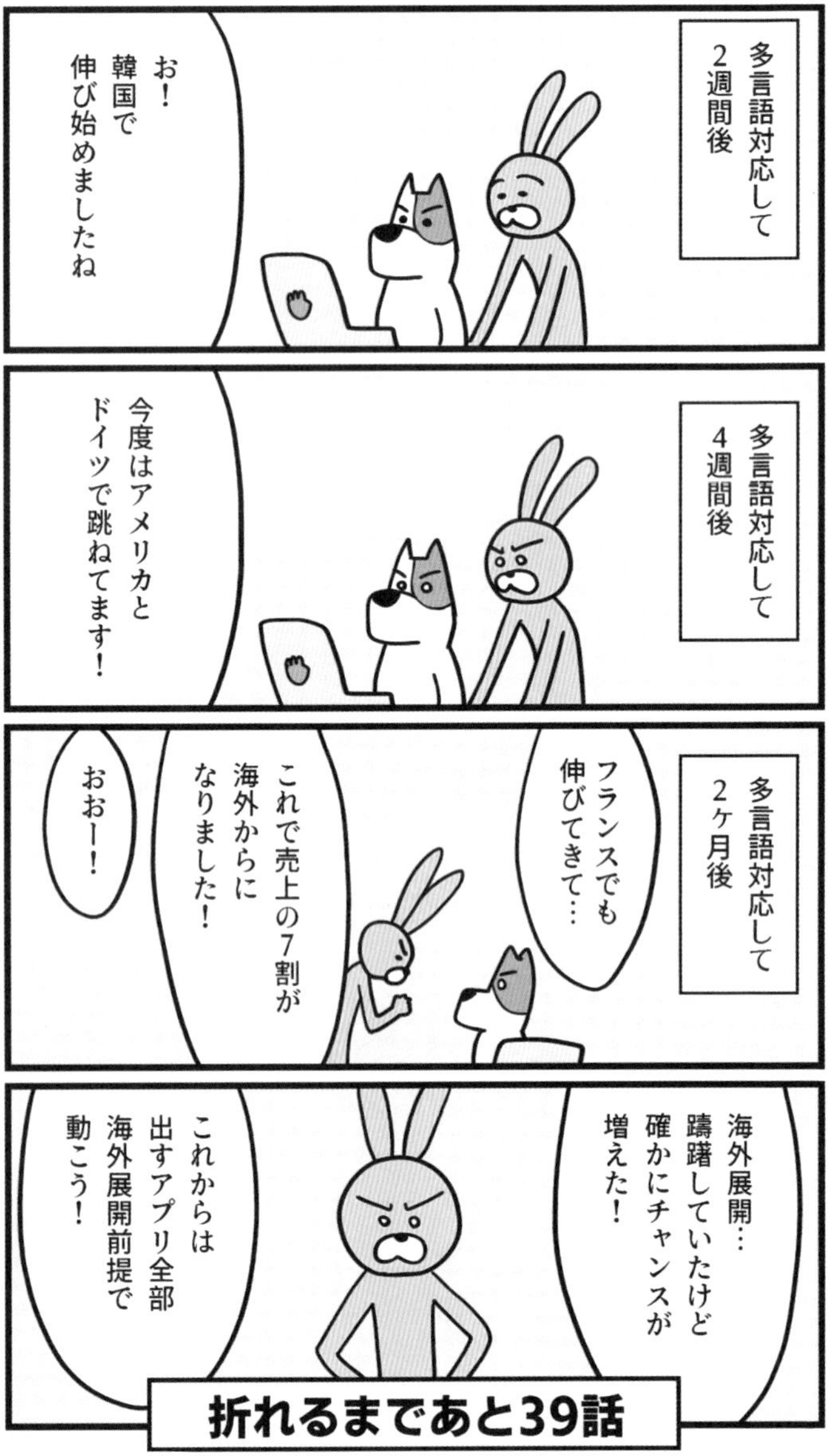

多言語対応して
2週間後
お！
韓国で
伸び始めましたね
多言語対応して
4週間後
今度はアメリカと
ドイツで跳ねてます！
多言語対応して
2ケ月後
フランスでも
伸びてきて…
これで売上の7割が
海外からに
なりました！
おおー！
海外展開…
躊躇していたけど
確かにチャンスが
増えた！
これからは
出すアプリ全部
海外展開前提で
動こう！
折れるまであと39話

成功事例をどう活かす?

新しい事業に挑戦している以上、特に創業期の施策は成功より失敗の方が多くなります。うまくいく施策は少ないため、必要以上に成功した施策を過信して繰り返してしまいます。しかし、その因果関係をきちんと整理をして考え、認識をすることで再現性を高めることができます。

再現性のない施策例を挙げてみましょう。プレスリリースを出した際にたまたまメディアに取り上げられ、同時期に行った他の施策より多く新規ユーザーを獲得できたとします。これを、機能追加や改善よりもプレスリリースに効果があると考え、ユーザーに刺さらない新機能を乱立してまでプレスリリースを出すことになります。当然、ユーザー数は増えません。

成功の要因を見極めることは簡単ではありませんが、データなどを多角的によく見て検証していくことが重要です。状況が激しく変わるスタートアップの場合は、考えもなく施策を繰り返すことをやめ、なぜうまくいったのか、それは今後も有効なのかを見極めて動いていきましょう。（えい）

用語

プレスリリース……自社のニュースをメディアやSNS経由で発表するために出す告知のことです。スタートアップにおいては、サービスのリリースや資金調達、業務提携を行った際に出すことが多いです。

第62話

海外展開記念
打ち上げ
海外リリース
お疲れ様でした！
かんぱい！
色々ありましたけど
今良い方向に
向かってると
思うんですよ！
はい！
ぼくもそう思います！
…よく
スタートアップが
死ぬのは
資金がつきた時
ではなく…
創業者が
心折れた時って
言うじゃないですか
振り返ると
まさにそうだなと
一時期本当に
折れそう
でしたが
今のモメンタムなら
絶対に
先に進めます！

折れるまであと38話

スタートアップはいつ死ぬ？

仮にスタートアップを始めたけど事業がうまくいかず、改善の見込みもまったくない、という状況になったとしても、社員全員に退職してもらって自分の報酬もゼロにするなどして経費がかからないようすれば、会社は潰れずに生き残る事ができます。つまり、事業が大失敗してもそのままスタートアップが死ぬわけではないということです。

ではどうなったらスタートアップは死ぬのでしょうか？

これについては、ポール・グレアムの有名なエッセイにある通り、「創業者がやる気を失ったら」だと思っています。心が折れて諦めることも、飽きてしまう場合もありますが、逆に言えばモチベーションを最後まで維持し続けられれば成功できるという事でもあります。道中では信じられないくらいつらいことが起きますが、ハードに、素早く、適宜休みながら進み続けましょう！　なお、このポール・グレアムのエッセイは読むと非常に勇気づけられます、和訳されているものもあるので、ぜひ読んでみてください。

（えい）

第63話

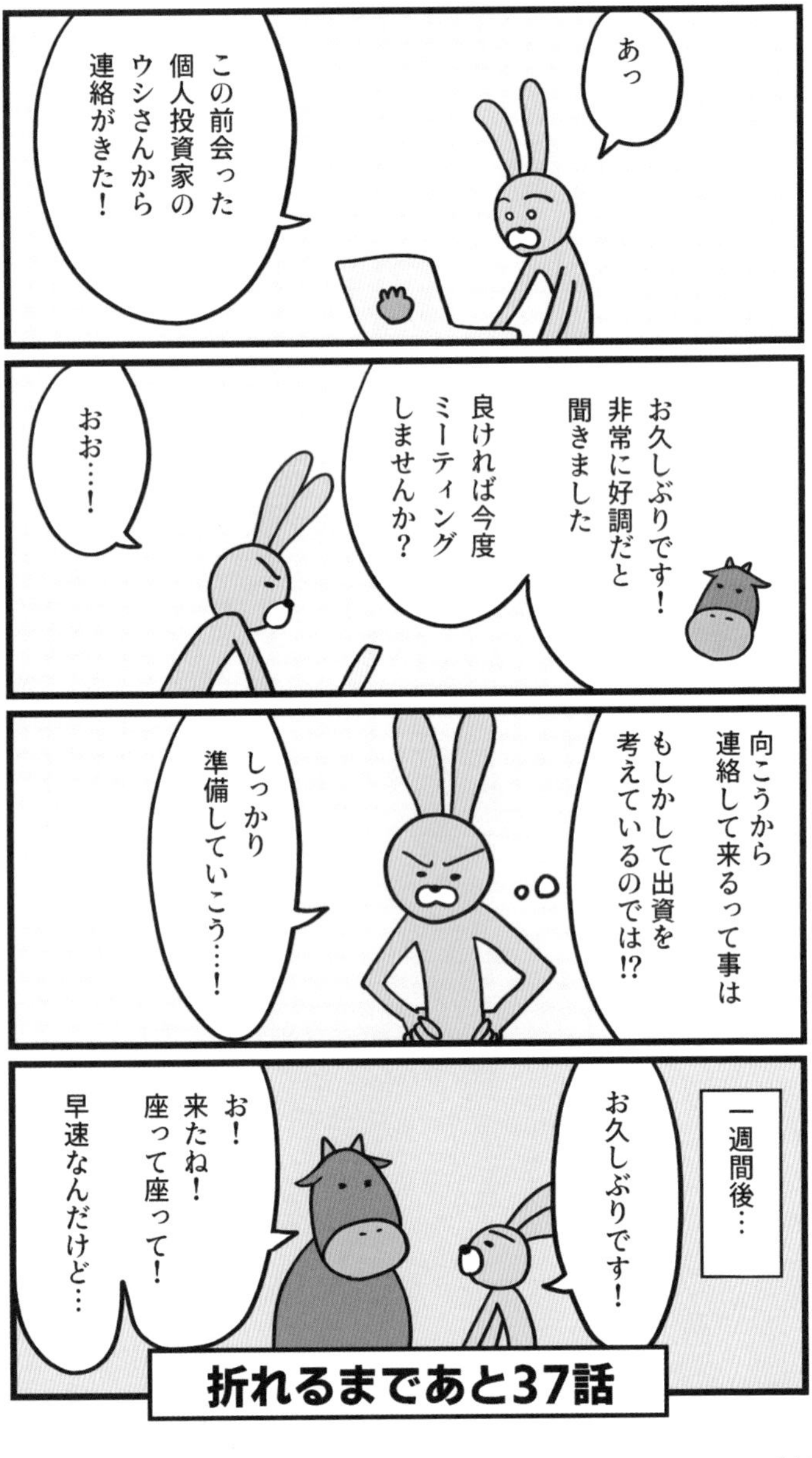
あっ
この前会った個人投資家のウシさんから連絡がきた！
お久しぶりです！非常に好調だと聞きました良ければ今度ミーティングしませんか？
おお…！
向こうから連絡して来るって事はもしかして出資を考えているのでは!?
しっかり準備していこう…！
一週間後…
お久しぶりです！
お！来たね！座って座って！早速なんだけど…
折れるまであと37話

ストックオプションってなに？

資金調達の前後で考えるべきものの一つに、ストックオプション（以下ＳＯ）があります。ＳＯとは、ざっくり言うと「あとで決まった金額で株を購入できる」権利のことです。例えば社員が行使価格１万円のＳＯを持った状態で、会社が上場して株価が１００万円になったとすると、その社員は１００万円の株を１万円で買える、ということです。社員からすると、頑張って働いて会社を成長させれば金銭的に大きなリターンが得られますし、会社からすると「給与が前職より下がる代わりに多めにＳＯを付与する」という交渉ができるので社員を採用しやすくなるなど、双方にメリットがあります。ただし、ＳＯを発行できる枠（ＳＯプール）が大きすぎる場合、投資家がそれを嫌って出資してくれなくなる可能性があります。一般的には発行済み株式総数の10～15%、どんなに多くても20%以内に抑えるべきと言われているため、よっぽど理由がない限りはこれに沿う方が安全です。

なお、最近はひな形を配布する企業が出てきたこと等により取り入れやすくなったとはいえ、税制適格、ＳＯプール比率、ベスティングの有無、M&A時の扱いなど、資本政策同様に要素が多く、複雑な割に後から変更しづらいものです。そのため、よく把握しないまま雛形使ったり、「えいや」で作ったりせず、きちんと弁護士など専門家に相談して作成しましょう。

（えい）

第64話

個人投資家オフィス
海外向けに作るのうまいらしいじゃない？
一応海外比率は7割超えました！
すごいね！それでさ
今考えてる海外向けのアプリ事業があるんだけど
今の事業捨ててそっちやらない？
…！？
あ
もちろん出資もするよ！
ただ…君たちはまだ若くて経験も少ないよね？
事業案は僕が出すよね？
それでも？3000万出してあげるから…
株は51％でどうかな！？
帰り道
流石にちょっと飲めないな…
はっきり断るとカドが立つかもしれないからやんわりフェードアウトしよ
折れるまであと36話

避けるべき投資家とは？

仮にこのオファーを受けた場合、牛さんが会社の51％、過半数を超えた株を握ることになるので、4話の解説でもあったように、経営権は牛さんに移り、もはやウサギさんではなく牛さんの会社になってしまいます。しかも投資した3，000万円は牛さんの会社になったウサコアの口座に入るので、牛さんの懐はほとんど痛みません。

さすがにここまでひどい例は聞かないですが、スタートアップに不利な条件を押し付け、食い物にしようとする投資家は実際に存在します。その後のラウンドでも、こういった問題のある投資家が多めに株を握ってしまっていることを嫌って、ほかの投資家から投資されなくなる可能性すらあります。こういった自分に有利すぎる条件を提示してくる投資家からのオファーは、たとえ残高が底を付きそうだとしても、後々の事を考えると避けるべきでしょう。

その上で、積極的にサポートするスタイルをハンズオン、逆に能動的には関与せず任せるスタイルをハンズオフと言いますが、どちらのタイプを求めているかを事前に考えておきましょう。事業に専念したいのに投資家が鬼電してきてストレスになったり、逆に相談したいのに時間を作ってもらえず動けない等、相性が悪いVCは逆に成長を阻害する要因になってしまう可能性があるためです。（えい）

第65話

数カ月後
アプリも6本までリリースできた
心配いらない程度には利益も出るようになってきた
残高も投資もらった時よりも多くなったし
正直…
僕とイヌさんだけなら余裕で食べていける
カタカタ
でも…
スタートアップなのに大きく成長せず安定してしまった状態を続けるべきなのかな
もっと早く大きくすることを考えた方が良いのかも…？
うーん？
折れるまであと35話

安定VS挑戦をどう考える？

急成長を求められるストレス環境に身を置いて、ペダルを踏むスタートアップでいくべきか、社員がリターン得られれば良いと考えて自分のペースで進めるスモールビジネスでいくべきか、この選択に悩まされることはあるでしょう。これは非常に難しい問題なのですが、大前提としてどちらがより優れているという話ではなく、リスクとリターンをどのくらい見込むか、起業家本人が「その会社をどうしたいか」によります。なんとなくかっこいいからスタートアップを選ぶのではなく、どちらを目指す会社なのかを最初にきちんと考えておきましょう。

ちなみにウサコアのようにすでに投資を受けている場合、既存投資家にリターンを出すことが求められるため、投資額が多くなればなるほどスモールビジネスに切り替えづらくなります。それでも切り替える場合、パンダさんの持ち株をすべて買い取るなどの対応が必要になり、膨大なコストがかかるため、なおのこと最初に方向性を決めておくべきです。

（えい）

用語

スモールビジネス……新興企業のうち、急成長することよりも安定・持続した成長を意図するビジネスや企業のことです。色々な意味で不安定なスタートアップとは異なり、超大な資金が要らず、安定しているなどの点で優れています。

第66話

いろいろ考えたのですが
このまま2人でアプリ量産していけば余裕持って食べていけるのですが
やっぱりそうはしないで…
やはりもっと大きな事業に挑戦していきたいです
負担がまた増えちゃいますが…どう思います？
…難しいところですが僕もそうすべきだと思います！
…ありがとうございます！
では今日から…
ウサコアの第二創業期です！
折れるまであと34話

第二創業期とは?

スタートアップで第二創業期と言った場合、今回のウサコアのように、厳しい状況から立ち直ってきた時期を指すことが多いです。本人達からするとものすごいことなので、社内外で「第二創業期です!」と言いがちなのですが、採用という観点で見ると注意が必要です。応募者が起業家気質溢れる人の場合は、第一創業期の会社の方が求めるものに近いことが多く、スキルフルな人の場合は一度死にかけた会社より、厳しい問題にあたることなくずっと成長し続けている会社の方が魅力的に見えるためです。嬉しい気持ちもわかるのですが、外から会社がどう見えてほしいかを考え、それに沿っているかどうかで判断しながら情報発信しましょう。

ちなみに僕が第二創業期を経験した時は、メンバー全員のモメンタムも自然と非常に高い状態になっていました。「危機は脱した、これから大きく成長しよう!」となっている時期なので、自然とモメンタムも上向くのかなと思っています。モメンタムは創業時がピークであることが多く、そのあとは自然と下落するため、それを抑制することはできても大きく回復させることはかなり難しいものです。ですから、こういったモメンタムが自然に上向くイベントを有効に活用し、更にモメンタムを高めることに注力しても良いかもしれません。

(えい)

第67話

折れるまであと33話

市場の大きな波には乗った方が良い？

事業を作るうえで市場規模はとても大事です。特に伸びている市場に身を置くと、自分たちの努力以上に波に乗り成長しやすくなります。そういった意味では大きな市場を選ぶことは間違いではありません。市場選びの時点で、会社が到達できる事業規模の7割は決まるのではないでしょうか。

しかしここで忘れてはならないのは、市場が大きいことと、自分たちの会社がシェアを取れることはイコールではないということ。市場が大きいほど競合となる先行プレイヤーも多いですし、後発で多くの企業が参入してきます。それでも負けずに勝負できるのか、という冷静な判断が求められます。

そのために大事なのはやはり「選択と集中」です。ウサギさんは多面的にあれもこれもやろうとしていますが、これはスタートアップのタブーです。まずはNFTだけ、プラットフォームだけと取捨選択するべきでした。市場規模の大きさに惑わされず、自分たちのできること・やるべきことを忘れないようにしましょう。

（佐々木）

用語

NFT……Non-Fungible Tokenの略で、ブロックチェーン上に記録される、代替不可能なデータのことです。この住所にある土地の持ち主は誰、と示す不動産の登記簿に近く、画像そのものではなく、このURLにある画像の持ち主は誰、ということを示すデータがNFTです。

第68話

ということで NFTを多面的に 同時に進めましょう!
なるほど
そうなると もっと人手が 必要ですよね?
はい
なので採用 がんばります!
了解です! とりあえず できるところから 着手しますね
お願いします!
あと別件で ストックオプションを 準備しているのですが
イヌさんには 今のうちに多めに お渡ししたいです
わかりました… ありがたく いただきます!
折れるまであと32話

株・ストックオプションを渡すタイミングはいつ?

スタートアップにとってSOはまさに切り札。優秀な人材を採用したり、社員のモチベーションを上げたりする有効な手段です。では、どういうタイミングでSOを配るべきなのでしょうか?

SOはどれだけあっても株に価値が付くイグジット(上場または買収)されなければ価値になりませんので、SOを配るベストタイミングは「事業がうまくいきそうな時」と言えます。事業に大きく貢献してくれたと判断できる人にはぜひSO配布を検討してください。

また、SOは「配る上限を決めておくこと」が大事です。一般的には、目安としては、共同創業者には2~5%、大きく貢献した協力者には0・01~0・5%ほど、そして配布する合計は10%以下に留めて創業者が90%前後の株を持っていることをおすすめします。創業者が多く株を持つべきなのは、エクイティ・ファイナンスをすると株の希薄化が起き会社の議決権を失いやすくなるためです。

(佐々木)

用語

ストックオプション……自社の株を、後であらかじめ決めた金額で購入できる権利のことです。人件費を抑えながらインセンティブを与えられることにより、モチベーションの向上や、優秀な人材の確保に有効な手段として活用されます。

第69話

それと
メンバーを増やす前にイヌさんの肩書をテックリードにしておきましょう！
おっ
了解です！
合わせてお給与も増額します！
SOあるとはいえ後から入るメンバーより低いとモチベーションに関わると思うので
…ありがとうございます！
あと僕の役員報酬も近い水準まで上げようと思います
報酬月5万円だと流石に厳しくなってきたので…
えっ むしろまだ5万円だったんですか!? 絶対上げるべきですよ！
…ですよね
後日
手取りが数倍増えたしようやくオフィスの近くに家を借りた！
移動時間減るしもっと仕事できるぞ！
折れるまであと31話

役員報酬と給与の水準って？

起業したとき、よく話していたのが「スタートアップで肩書はギャグのようなもの」です。肩書よりも大事なのはいかに起業家と似た熱量で事業を前に進められるかどうかです。そうした意味では肩書にこだわる必要はありませんが、お金のことをフェアにルール化するために肩書をうまく使うと良いでしょう。また、起業家の役員報酬も一定額は必ずもらいましょう。会社のお金を減らしたくない気持ちは分かりますが、生活の質が下がるほど報酬が低いと逆に事業に影響してしまいます。

個人の反省でもありますが、スタートアップでは「前職の給与を聞いてから給与を決める」のはおすすめしません。給与が下がることが原因でスタートアップに入りたがらない人は、そもそも向いていないのです。給与は自分で上げる、自分で稼ぐくらいのガッツがなければ、スタートアップの荒波はとてもじゃないですが乗り切れません。お金のことは揉めることが多いので、しっかりルール化してフェアに感じてもらえるように設計しましょう。

（佐々木）

用語

役員報酬……社員にとっての給与とほぼ同義です。ただし、年度が変わるタイミング以外で増減しづらいこと、ボーナスが出しづらくなることなど、社員が受け取る給与とは異なる制約もあります。

第70話

NFT出すまでのスケジュールを引いてみた！
少人数だけ採用するならアプリの売上で黒字のまま回せるけど…
リリースまで4年はかかる計算…
ちょっと長過ぎる
やっぱりもっとたくさん採用してスピード感出したい！
ただそうなると赤字を掘るためのお金が足りない
うーん…
…そうだ！金融公庫に相談してみよう！
プルルル…
ガチャ
あ
ウサコアのウサギと申します…

折れるまであと30話

赤字を掘るってどういうこと？

基本的にスタートアップは赤字を出し、その代わりに短期間での非連続な成長を目指します。長期的にゆっくり成長すれば良い中小企業とはこの点が明確に異なります。そういう意味では赤字を掘るのは問題ないのですが、ウサギさんの場合は二つ目のプロダクトなので、会社が生き残るためのキャッシュが必要なことも事実です。非常に悩ましいですが、取りうる選択肢は以下になります。

1. 事業を優先し資金調達をする
2. コストを減らしてできる範囲のことをやる
3. 別の事業で稼ぎつつ事業を作る

個人の見解としては、この場合の２または３が現実的に取れる選択肢だと思われます。資金調達はラウンドにもよりますが、ある程度事業の進捗がなければ望み通りの金額は集めにくいためです。また、新規の資金調達はかなり時間がかかるので、その間は事業の進捗が悪くなるという諸刃の剣でもあります。事業作りの腕の差が最も表れるのは、いかにコストをかけず事業を立ち上げられるかであり、これが起業家に最も求められる大事な判断になります。コストがかかりすぎるなら、逆に選択と集中をする良い機会だと考え、やるべきことを絞りましょう。

（佐々木）

第71話

追加融資申し込んだ次はオフィスを探さないと…
今いるシェアオフィスにはそんなに人数入れないし…
不動産屋さんに連絡してみよう
一週間後
どうも！担当のツルです早速物件見に行きましょう！
ここはどうですか？駅徒歩1分の新築オフィスですよ！
中古で良いのでもうちょっと家賃抑えめで…
居抜きのここはどうでしょう？カフェスペースが充実していますしキラキラな内装や机などもそのまま使えますよ
いいかも…！

折れるまであと29話

オフィスって必要？

会社を作るとオフィスを持ちたくなる気持ちは理解できますが、実は事業の成長においてオフィスは最も不要なものの一つです。初期費用と月額費用がどちらもかかるうえに、すぐに解約をしようとしてもできませんし、引っ越すのにも時間とお金がかかります。関係者が全員入るオフィスだと家賃も高くなるため、事業が軌道に乗るまではリモートワークを活用する、オフィスは起業家の家やコワーキングスペースを活用するくらいコストをおさえる意識が大事です。

自社専用オフィスを持つのは事業が好調で売上が立ち軌道に乗るまでは不要で、それまではコワーキングスペースを借りる、レンタルスペースを借りる等の工夫がおすすめです。スタートアップの初期は、お金は事業と人にのみお金を使うくらいのつもりでいましょう。

私は過去、華やかなオフィスを持ちながら倒産していったスタートアップを数多く見てきました。オフィスの広さときれいさと事業は関係がなく、いかに良いオフィスがあっても事業がうまくいかなければまるで意味がありません。今ではリモートワークでも十分に会社としての機能をはたせますし、むしろ働く側も優秀な人が参画しやすくなるでしょう。自社専用オフィスは会社が大きくなった時の楽しみにとっておいてください。

（佐々木）

第72話

さらに1ヶ月後
ということでオフィスができました！

おお！

シェアオフィスじゃないので専用の席があります！

すごい！

カフェスペースもあります！せっかくなのでアンティーク家具を設置してオシャレにしました！

オシャレ！

色々ありましたがついにオフィスを持てるところまで来れました！

これでもっとハイペースで進めますね！

折れるまであと28話

イヌさんからの見え方

心機一転の象徴でした！

自社オフィス、純粋にめちゃくちゃ嬉しかったです！　これまでシェアオフィスで肩身の狭い思いをしてきましたが、一つひとつ自分たちで環境を整えられ、スタートアップとしての停滞期を脱したことを改めて実感しました。ちょっと良いスピーカーでゲームのサントラやアニソン、デスメタルをＢＧＭとして流したり……。スタートアップのオフィス家具やレイアウトなどにも、創業期メンバーの趣味が色濃く反映されるのだと理解しましたね（笑）。

特に本棚にそれぞれが得意な領域の本が並ぶのは感慨深かったです。普段読んでいる本から、その人の思考法やスキルのバックグランドが伺い知れるのは大きなメリットです。例えば同じ本を読むことで共通認識を持たせ、コミュニケーションコストを低減することもできますね。

この時期に給与や福利厚生も、参画当初と比べて大幅に充実しました。今後事業が拡大し、メンバーも増えていくことを想像し、毎日清々しい気持ちで開発に打ち込めるようになりました。後にさまざまなメンバーがジョインするわけですが、まさかこの新しいオフィスでメンバー間の衝突が起こり、チームに亀裂が入るとは、この時は夢にも思っていませんでした。組織は人なり。誰をバスに乗せるのかが組織の命運を決めるのです。

第73話

おっ 金融公庫の サルさんから電話だ
…ということで 黒字で安定しているので 審査もスムーズでした 無担保無保証で 2000万円 融資いけます！
ありがとうございます …契約お願いします！
数日後
お
公庫からお金 振り込まれてる
これを元手に 採用頑張ろう！
これで借入金 合わせて 2400万…
2400万
2400万か…
無担保とはいえ プレッシャーが すごい…
折れるまであと27話

そこそこ大きな金額の資金調達すれば安心？

日本でもスタートアップが数千万円代の資金調達をすることは珍しくなくなりましたが、それはエクイティファイナンスの場合です。デットファイナンスで大きな借り入れをするのは、返済の必要から大きな心理的負担がかかります。

仮にインターネットプロダクトを作る場合、２０００万円ほどの融資はしっかり使うと3～6か月ほどで尽きてしまいます。個人としては大きな金額のように感じられますが、事業を作るためにはかなり小さい金額である感覚を持つこと、そしてこの限られた時間をどう使うかが極めて大事です。

起業家が個人保証で融資を受ける資金調達はまさに虎の子、最後の手段です。できればこうなる前にしっかりニーズ検証をし、コストを減らしておきましょう。貧すれば鈍するのは起業家にもあてはまるものです。そうなる前に対策しましょう。

（佐々木）

用語

無保証……借入を行う際、保証人が必要ないことを無保証と呼びます。スタートアップ等の企業が借入を行う際、保証人は代表者個人になることが多いのですが、無保証であればリスクが段違いに低くなるため、保証の有無は非常に重要です。

第74話

場もできたし資金も…
あとは採用だ！ひとまず求人サイトに問い合わせてみよう
数日後
…はい ではこちらで掲載進めますね
ちなみにオプションで社長インタビューを記事にして注目を集める事ができますが…
あ！それお願いしたいです！
さらに数日後
インタビュー中お写真も撮りますね
はい！
うーん もう少し喋ってるっぽい姿勢でお願いします！
こう？
あっ これよく見る社長ポーズ…！
折れるまであと26話

人材紹介サービスって良いの？

いまはスタートアップだけでなく日本中どこの会社も人手不足、優秀な人材は熾烈な獲得競争が発生しています。そういう意味ではお金で優秀な人材が採用しやすくなる人材紹介サービスを利用するのは良い選択です。しかし、売上が立っていない会社であればあまりおすすめできません。一人採用すると、どんなに安くても１５０～３００万円ほどの紹介料を支払うことになるため、短期でキャッシュフローが一気に悪くなってしまいます。

スタートアップが初期採用で使うべきチャネルは「友人の紹介」です。持っている人脈やＳＮＳのフォロワーさんをフル活用して、必要なスキルを持った人を紹介してもらいましょう。紹介してもらったらご飯をごちそうして、事業も手伝ってもらえるよう誠心誠意お願いする。面倒なことも多いですが、これがスタートアップがするべき採用の工夫なのです。知人や友人を紹介してもらうリファラル採用は会社が大きくなったとしても有効なので、ぜひ取り組んでみてください。（佐々木）

用語

社長ポーズ……昔はろくろ回しと言われていたのですが、あまりにも昔すぎるので社長ポーズと言い換えました。一度練習しておくと良いかもしれません。

第75話

折れるまであと25話

必要な採用の要件はどう決める？

会社に勢いがある時は採用もすごい人が応募してくれて嬉しいものです。これはとても良いことですが、まだPMFをしていないスタートアップにしては人を採用しすぎている印象があります。このタイミングでは、本当に必要な人だけを採用するべく要件を固めましょう。

第73話でも触れましたが、２０００万円はプロダクト開発ではかなり小さい金額です。例えば、５人も採用したら一人平均40万円だとしても合計２００万円、６か月で１２００万円もかかります。それ以外にも社会保険やオフィス家賃などもあるので、２０００万円はあっという間になくなります。

まだ売上が立つかどうか分からないプロダクトにお金をかけすぎるのではなく、最小限の人だけでコストを減らし、同時にやるべき機能もしっかり取捨選択をすることが大事です。採用を絞るためには、まずプロダクト開発でやるべきことも絞りましょう。そうしたら、誰を採用するべきかという要件も具体的になり成功確率が上がるはずです。

今回のウサギさんの場合は、ＮＦＴを多面的に取りに行くという戦略ですが、選択と集中をするべきでした。やること以上にやらないことの意思決定がスタートアップでは極めて大事なのです。

（佐々木）

第76話

トカゲさん本日は面接よろしくお願いします！早速ですがうちのどのあたりに興味を持たれましたか？
どうも
僕の家この辺で通いやすくて良いなと
スタートアップにはどういうイメージがありますか？
すごく残業するイメージです
僕は残業しませんけど
どういう仕事にやりがいを感じますか？
やりがい…感じたことないです
仕事は給料のためと割り切ってます
面接後
スキルは高そうでしたがカルチャー的に…
合わないかもですね…
でもそろそろサーバー側いないと予定がズレちゃうので…内定出しましょう
折れるまであと24話

スキルとカルチャーフィット、どっちを優先する？

スタートアップにおいて採用とは可能性を広げるチャンスでもあり、同時に大きな危険を含んだ鬼門でもあります。採用しすぎるとバーンレートが上がりますし、採用しないと事業が大きくなりません。そしてスタートアップの初期は、たいていの場合は良い人を採用したいと思ってもなかなか応募すら集まらないという状況が続くものです。そんな中、応募してきてくれた人が本来の実力以上に魅力的に見えることがあり、つい妥協して採用したくなるのも起業家あるあるな心理です。しかし、これは絶対にやってはいけない起業家のタブーです。

特にカルチャーフィットは絶対に妥協してはいけません。小さい会社だとたった一人でも目指すべき方向や仕事のスタンスが合わない人が混じると、本来パフォーマンスが高い人の足を引っ張ることになります。喧嘩など人間関係の問題も発生しやすく、仕事以外で対応することが増え結果的に全員の時間が消費されるようになります。また、退職交渉も慎重にしないと悪評がたったり、最悪パワハラで訴えられる場合もあります。こういった事態にならないためにも、スタートアップ初期の採用はスキル以上にカルチャーフィットで決めるべきです。採用に失敗すると、よりお金と時間を浪費することになります。慎重かつ大胆に、採用基準をしっかり持って意思決定してください。（佐々木）

第77話

今年も税金の時期か…
今回も税理士さんに計算してもらったさて税額は…?
去年の十倍!?
法人税は桁が違う…今年から消費税も!?今期売上減ってるのに…
…これ計算間違ってない?流石に高すぎる…
ちょっと計算してみよ
数時間後
合ってた…
この金額払うとお金もっと早くなくなっちゃうスケジュールを調整しないと…
折れるまであと23話

税金は思ったより高くなる？

赤字のときに比べて、黒字になったときは法人の税金が高くなります。企業の所得に対して発生する法人税は1年間の収入から経費などを差し引いて算出する利益（所得）に対して、その金額によって定められた税率で算出されます。要するに、赤字の時は発生しない税金が、黒字だと一気に発生するとも言えるのです。これを知らずに事業にお金を使いすぎてしまう起業家は一定数います。こういったファイナンス・リテラシーも起業家にとって事業を大きくするためには大事です。税金をしっかり支払うために、会社のお金はギリギリまで事業に使うのではなく、いざという時のため一定金額以上を確保しておくことをおすすめします。

税額は過去の累積赤字額や消費税など複数の要因で決まるので、自分だけで判断せず税理士に相談することをおすすめします。素人考えで去年と同じ基準で税金を考えていると、予想以上に銀行残高を減らしてしまいます。こうなると、ウサギさんのようにランウェイが短くなり、事業計画の大きな変更を余儀なくされます。そして何より、銀行残高が減っていくのは起業家にとっては余命宣告のように感じられます。思わぬ出費に足元を救われないよう、コストをできるだけ減らし事業成長につながることだけに集中してください。

（佐々木）

第78話

3ヶ月後
…という事でここにいる10人で
ウサコア新体制スタートです！
NFTのコンテンツ作成は僕チームで
CEO
全部やる
デザイナー
エンジニア
エンジニア
マーケター
プラットフォームの開発はイヌさんのチームで
テックリード
エンジニア
エンジニア
エンジニア
エンジニア
デザイナー
まずは半年後にコンテンツとプラットフォーム同時に公開して…
一気に世界を獲りましょう！
おおおおー!!!
折れるまであと22話

多面的に攻めるのは戦略的に良い？

事業を大きくするうえで市場規模が大きいことは大事ですが、大きい市場を多面的に攻めるのはスタートアップが絶対にやってはいけないタブーです。限られたリソースを広く薄く使うと、結局何の課題も解決できないプロダクトになってしまいます。最終的に大きな市場を攻略するためには、その中で一点突破できる部分の選択と集中が必要です。選択と集中をせず事業を広く展開すると人を多く採用する必要があり、そして人を採用しすぎると今度はバーンレートが上がり会社の寿命を短くしてしまいます。スタートアップにおいては多面的ではなく、まずは「大きな課題を狭く解決すること」そして「一つのプロダクトを磨き込むこと」に専念するのが大事です。

ウサギさんの場合、コンテンツだけでなく、難易度のかなり高いであろうプラットフォームを同時に作るというのが失策でした。リソースが少ないスタートアップが複数プロダクト立ち上げを同時に進めるのはどれだけ熟練の起業家・プロダクトマネージャーでも至難の業です。せめてどちらかに選択と集中できていたら、また結果は変わっていたかもしれません。高い目標を掲げ大風呂敷を広げるのは起業家の大事な仕事ですが、大きな課題もまずは小さな課題に分けてから取り組むことをおすすめします。

（佐々木）

第79話

あれやるなら
これも必要なので
こちらでやって
おきます
ありがとう
ございます！
諸々の管理用に
このサービス
導入しても
良いですか？
はい　ぜひ！
タスク早めに
終わったので
来月の分先行して
着手しますね
助かります！
みんな
すごく良く
動いてくれる！
以前とは違う…
なんか…
いける気がする！
折れるまであと21話

メンバーが増えたときにするべきことってなに？

人が増えると事業が前に進む、当たり前のようですがこの感覚はとても大事です。人を採用するにも事業を作るにも苦労するのがスタートアップというものだからです。そしてウサギさんのように、自主的にメンバーが動いてくれる時はやはり嬉しいしありがたく感じます。こう感じられる時期はそんなに長くは続かないので、まさに「攻め時」と言えます。

問題なのは、いかにこの状態を長く続けられるかということです。結果が出ないまま、集中力を持続させるのは困難です。そういう意味では定期的なマイルストーンを設定し、「達成した」状態を意図的に作ることで、メンバーに目標に向かって進んでいる実感を与え、モチベーションを維持するのが起業家にとって大事な仕事です。リリースという大きな目標も良いですが、その中間指標としてユーザーからのリアクションなどを設定しても良いでしょう。また株主からの意見などポジティブな情報は積極的に共有し、人が増えても同じ目標に向かっていけるようにしてください。（佐々木）

用語

マイルストーン……事業やプロダクトの計画のうち、開始から完了までの間にある大きな節目や目標地点のことです。

第80話

仕事
サーバー接続確認できました！
やりましたね！
お先に失礼します
ゲーム大会
右ハイドラ左チャーいます
正面ボルシチ来てます
ボルシチ○しました
ナイスゥー
仕事
事前登録数絶好調です！
すごい！
お先です
飲み会
この乗りに乗ったモメンタムのままリリースまで行きましょう！
おおー！
折れるまであと20話

調子が良いときはガンガン行けば良い？

会社にとってモメンタムがある時期はとにかく楽しく、まさにお祭り騒ぎです。すべてが勢いにのってうまくいきそうな雰囲気がありワクワクします。これぞスタートアップの醍醐味であり、起業家だけが経験できる特権です。仲間と飲んだり遊んだりすることもぜひ楽しんでください。

しかし、こういう良い調子の時こそ「組織崩壊の芽」を摘んでおくことが大事になります。ウサギさんの場合、好調に見えるその裏でトカゲさんは相変わらずマイペースなままです。こういう少人数の時に一緒の雰囲気を楽しめない人は、たいていの場合事業の成長が停滞するタイミングで問題になります。そしてそれがきっかけで、組織が崩壊するような大きな問題になっていくこともあるのです。お祭り騒ぎの中で見えにくくなるだけで、破滅の種はこういう好調の時にすでに生まれています。起業の成否はそれに気付けるかどうかにかかっており、ここで起業家の力量が試されます。

雰囲気が良いのはとても良いことなのでそれを活かして事業成長のため集中する一方、常に「最悪の事態」を想定して対策しましょう。人生塞翁が馬、どんな会社であっても良い時だけ、悪い時だけしかないということはありません。良い時にこそ悪い時の備えをすることが、起業家にとって大事なリスクヘッジの心構えなのです。

（佐々木）

第81話

今日投資家と飲み会あるので先に出ます！お疲れさまです！
お疲れさまですー
ちょっと…
なんか…ウサギさん最近飲み会多くない？僕らまだ仕事してるのに…
ヒソ ヒソ
トカゲさんの仕事へのスタンスを毎日見せられるのもあって…頑張る気が少しなくなりますよね…
飲み会からの帰り道
今日は好感触だったなこんど改めて出資の相談させてもらおう
よし…オフィスに戻って仕事しよ もう皆帰ってるころかな？
…家族がいるメンバーも多いしもし失敗したら数十人が路頭に迷うんだ！
絶対に
絶対に失敗できない…！
折れるまであと19話

代表の行動ってメンバーに与える影響大きい？

起業家が事業に集中することはもちろん大事ですが、会食に出かけることは新しい商談ができたり、また新しい仲間と知り合いになれたりと良いこともあります。しかし、これは採用されている社員側から見ると、会社のお金でお酒を飲んで遊んでいるようにも見えがちなことに注意しましょう。また、必要な会食だけに参加し、それ以外はできるだけ事業成長のために時間を使うスタンスも大事です。ウサギさんも決して遊んでいるわけではないので、飲み会に行く意図と目的をメンバーにしっかり伝えていれば大事にはならなかったでしょう。

起業家というものは自分が思っている以上に一挙手一投足を注目されており、良くも悪くもメンバーに大きな影響を与えているということです。自分が意図しない形で伝わったり、言った覚えがないことを言ったことにされたりもしますので、メンバーとは日頃から丁寧にコミュニケーションを取ることを心がけましょう。

認識違いや期待値のずれから不信感が生まれます。不信感は大きくなるとメンバーのモチベーションを奪い、人間関係を悪化させ、組織が崩壊していくのです。まさに「代表」の言葉通り、自分の言動が会社を表す意識を持って行動してください。

（佐々木）

第82話

パンダVC
という形で NFT両面で 進めています！
良いね！ …もうすぐ4年目 今年こそ一緒に 突き抜けよう！
えっ？
そうか 4年目入るのか 色々あったな…
最初は勢いで 始めた会社だけど… 今は違う
3年間で 自分の中で 腹落ちして 言語化できた ウサコアは イノベーションで 人の役に立つために 出来た会社だ！ まずはNFTを きちっと 出していこう！
半年後
折れるまであと18話

ビジョンやミッションがないとダメ？

ほとんどの会社は、起業するタイミングで人に誇れるようなビジョンやミッションなど持ち合わせていません。ビジョンやミッションとは事業を作っていく中で、自分たちが「社会の中でできること」から逆算して決めるものだからです。そのため、事業がまだない状態ではビジョンやミッションがないのは当然です。創業初期にきれいな言葉でミッション・ビジョンを立てるより、目の前のユーザーの課題を解決することだけに集中してください。

数多くの起業家を見ていて思うのが、「我欲の強さ」が起業家には必要だということです。つらいことの連続の中で心折れずに前進するには、お金や周囲の評価といった薄っぺらい理由ではなく、「自分は絶対にこれがやりたいんだ」というエゴが必要です。そしてエゴが昇華されることでビジョンになっていきます。会社を作る動機なんてエゴで上等、その先に大きなミッションが待っているものです。

（佐々木）

用語

ミッション、ビジョン、バリュー……この会社は何をするための会社なのかという存在意義を示す言葉がミッション、ミッションを実現するために会社がどうあるべきかを示す言葉がビジョン、ビジョンを達成する会社にするために社員がどう動くべきかを示す言葉がバリューです。

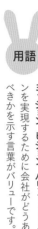

コラム

ＮＦＴ完売御礼！

連載終了後、完結記念でマンガ本編を1話ずつそのままＮＦＴにして販売し、ハードワークなウサギさん他動物さん達をサポートするという体で売上の50％を動物保護団体に寄付する、ということをやりました。結果、販売開始から10分足らずで完売し、まさかの展開に一人で驚いていました。売上としていただいた暗号資産が暴落する等ハプニングもありましたが、最終的に無事寄付させて頂きました。ＮＦＴを購入する等ご協力してくださった皆様、ありがとうございました！

マンガをＮＦＴにするのではなく、劇中でウサギさん達が作っていたＮＦＴを実際に販売する、という案もあったのですが、僕の画力が追いつかないという理由でボツにしました。

ＮＦＴでいうと、Very Long AnimalsさんやSlothさん等のＮＦＴプロジェクトともコラボさせていただきました。コラボ、スマホゲームにおける進撃の巨人くらいやりたいのでぜひお声がけください！

第4章

終幕期

厳しい…
でも前もそうだった
プロダクトがリリース出来れば風向きが一気に変わるはず…！
折れるまであと15話

第83話

新体制スタートから
半年後
進捗確認
ミーティングを
しましょう…
NFTの進捗は…
50%くらいです…
プラットフォームは
40%前後です…
今月予定していた
同時リリースは…
無理です…
折れるまであと17話

リリースができないって大丈夫？

プロダクト開発がうまくいかない。これはどの会社でもあることです。しかし大事なのは、この状況になる前に、何かしらの手を打つことです。ウサギさんとイヌさん、どちらも進捗が50％以下ということは、ずっと前から遅延が発生していたはずです。その時点で作る機能を絞るべきでした。

リリースができないことの最大の影響は、会社の中の雰囲気がものすごく悪くなり、モチベーションが下がることです。人は頑張った成果が見えないと努力を続けられません。とにかく小さくスタートし、小さくリリースを繰り返すことが組織にとってとても大事なのです。

ウサギさんのような状態になるとすでに手の施しようがなく、会社も末期に近い状態です。できるだけ致命的なダメージを負わないよう、いまからできる「選択と集中」をするしかありません。いっそ会社の事業もメンバーも総入れ替え、スクラップ・アンド・ビルドをすることを検討してもよいでしょう。ここで諦めることなく、できることに取り組んでください。

（佐々木）

用語

進捗……計画や作業の進み具合のことです。「進捗ダメです」といった場合は進み具合が良くないことを示します。

第84話

カタ
カタ
カタ…
カタ
カタ
…
定時なので
上がります
私も失礼します
あ…
お疲れ様です
ガタ
ガタ
…
リリースの目処も
立たない上
最近はトカゲさんの
影響もあってか…
最初のモメンタムは
無くなっちゃってるし
仕事は仕事と割り切る
人が増えてきてる…
折れるまであと16話

モメンタムを失うと？

モメンタムとは「勢い」のことであり、スタートアップの世界では事業がこれから大きく成長しそうな雰囲気がある状態のことを指します。なぜスタートアップではモメンタムが大事なのでしょうか？スタートアップとは、短期間で事業の成長という結果を残す義務を持っています。それはお金がなくなると会社が存在できなくなるということもありますが、何より事業の成長のためには起業家はじめメンバーが高い集中力を維持する必要があるからです。

そして集中力が切れる原因として最も多いのは「大きな失敗」ではなく「何もしない」こと、要するに適切な行動ができず何をして良いか分からないまま窒息死していきます。ほとんどのスタートアップは、敵に滅ぼされるのではなく自分たちで自滅するのです。

ウサギさんの場合は、リリースすらできない、勝負の場にすら出られないフラストレーションが会社全体に広がってしまっています。別の話でも触れたように小さくスタートすることが大事な理由もここにあります。小さい成果を積み重ねることでしか、長期間の集中力は保てないのです。

モメンタムは得難いうえに、一度失くしてしまうと取り戻せません。その貴重な時間で結果を出すことで次の大きなチャンスが回ってくるのです。この機会を逃さないようにしましょう。（佐々木）

第85話

状況…
一度状況を整理しよう
プロダクト開発は半分も終わってない
人数が5倍に増えてるのになんで…?
お金もあと半年も持たない…
既に何人か辞めてて残ってるメンバーもモチベーションがさがってきていて…
なんというか…スタートアップというよりは単に人が少ない会社の雰囲気になってる…
厳しい…
でも前もそうだった
プロダクトがリリース出来れば風向きが一気に変わるはず…!
折れるまであと15話

人数増えても開発速度が上がらない？

プロダクト開発を早めるためには人を増やす、これはある程度は正しいのですが、実は人数が多くなると落とし穴があるのです。

ソフトウェア開発の世界には「ブルックスの法則」というものがあります。

「遅れているソフトウェアプロジェクトへの要員追加は、プロジェクトをさらに遅らせるだけである」

これはなぜ起きるのか？

1. どんな人でも新しい組織で実力を発揮するには時間がかかる
2. 人が増えるとコミュニケーションコストが指数関数的に増える
3. 必要以上のタスク細分化はかえって効率を下げる

などがあります。例えば、カップラーメンにお湯を注いで一人で3分かかるところ、3人にしたからといって一人1分に短縮できないのと似ています。これを理解せず、過剰に人を増やしてしまうのはITプロダクト開発では超あるあるな失敗です。人を採用しすぎると結果的にプロダクト開発でも大きな足かせになってしまうのです。

（佐々木）

第86話

例のウェブサイトできたのでチェックお願いします
はい！
うっ微妙…
すいません…ちょっとこれだと公開できないです
えっどこか変でした？
ここの部分不要なので削除してもらってXXXという文言はYYYに変更でここの画像は後で送るものに差し替えてくださいここの表示幅狭いのでCSS修正しましょう難しければこっちでやりますあとここは…
…わかりました
うぅ…手戻りが多すぎる…
もう時間もお金も無いのにどうして…！
折れるまであと14話

手戻りが多いのはどうして？

ＩＴプロダクトの開発で手戻りが多い時の原因はほとんど決まっています。

1. 要件定義が甘い
2. スキル不足

要件定義とはつまり「具体的にどんな機能にするか言語化すること」です。相手に分かるように言語化することが手戻りを減らすコツ。例えばニワトリさんの例で言えば、

1. Ｗｅｂサイトの目的とトンマナなどをしっかり伝える
2. 横幅はピクセル単位であらかじめ指定する
3. 文言と文字数をある程度決めておく

こういった工夫をするだけでもかなり改善されます。一度作ってから修正するのは何かと非効率なので、全員にとって時間がもったいないです。また、スキルが足りない人を採用してしまうと、足りないスキルを補うためにスキルが高い人の時間を消費してしまい、結果として全体の生産性は大きく下がります。人がいて生産性が悪くなる、この現象を残念ながらよく見かけます。時間がない時こそ急がば回れ、丁寧な要件定義とスキルの高い人の採用を心がけてください。

（佐々木）

第87話

オフィス近くのカフェ
…なので
もうちょっと積極的に動いてくれるといいなーと…スタートアップを選んで来ているのに…
…それは確かに
手戻りも増えててもう時間ないのに…
確かにそうですが…でも頑張りましょうあとちょっとじゃないですか
…そうですねすいません愚痴っぽくなっちゃって
いえ気持ちはわかるので…

折れるまであと13話

ネガティブになっても良い？

事業が伸びずに会社の雰囲気が悪くなってしまった場合、もうほとんど打つ手はありません。いっそ組織を崩壊させて、辞めるべき人には辞めてもらうほうが良いことも多いのです。

こういう状態が長く続くことの最大の問題は、代表のモチベーションがなくなっていくことです。スタートアップとは、起業家の心が折れると同時に死にます。起業家は自分が作った会社のことを第一に考えますが、自分のモチベーションを消耗しないようにすることもまた重要になってきます。

ウサギさんのように、起業家が愚痴っぽくなる時はまさに末期状態、何かしら大きくテコ入れをしなければ死にゆく運命です。とはいえ、こうなってしまうと自分だけで冷静に対応はできなくなってしまいます。こういう時のために、共同創業者や信頼できる仲間を上手に頼って、ストレスを発散させましょう。健康な会社は、代表の健康なメンタルがなければ作れません。

起業家も人ですから、ネガティブな気分に悩むことは当然あります。大事なのはその感情を否定せず、仲間と分かち合いながらやりすごすことです。ネガティブになっても良いですが、大事なのは乗り越え方にあります。自分なりの精神的な健康を維持する方法を見つけてください。

（佐々木）

第88話

戻りました－
ふざけるな！
!?
ちょっ　ちょっと！どうしたんですか！
ロバさんがめちゃくちゃ言ってくるんですよ！
それはそっちでしょうが！
とりあえず落ち着いて一回離れて！
落ち着いてますが！
離れましょうって！ロバさん会議室行きましょう！
その日の夜
ひとまず落ち着いたけど…だいぶ年上の2人の喧嘩止めるの辛い…
でも二人とも僕が採用したからここにいるんだし…僕の責任だよな…
折れるまであと12話

社員同士のケンカが起こるって良くない？

スタートアップは起業家だけでなく社員も常にストレスにさらされるため、構造的に対立や不和が発生しやすいと言えます。これは、カバさんやロバさんのようにストレスが溜まっていたことが揉める原因になるパターン以外に、ものすごくモチベーションが高いからこそサービスをどうすべきかの議論が熱くなりすぎてケンカになるパターンもあります。これらは原因が異なりますが、共通の対処法としてはストレスを解消する機会を多めに持ってもらうことが重要です。そのため、１on１で不満や要望、理想をきちんと拾い上げていくなどの対応をしていきましょう。

ただし信じられないかもしれませんが、一度も揉めたことのないスタートアップはほとんど存在しないんじゃないでしょうか…。少なくとも僕の知っているスタートアップは、一度どころじゃなく揉めています。揉めないタイプの人を面接で見抜ければ良いのですがそれもなかなか難しいので、残念ながら衝突は必ず起きるもの、と考えておくほうが精神衛生上良さそうです。　（えい）

用語

１on１……部下と上司が１対１で行う面談のことです。多くの場合定期的に行われ、進捗確認というよりは、人材育成やモチベートが主目的の施策です。

第89話

毎月の面談
ロバさんともう仕事したくありません今月末で辞めます
カバがいる職場で働きたくありません今月末で退職します
まさか同時にとは…どちらかだけでも残ってくれると良かったのですが…
そうですね…
深夜
お?
イヌさんからDMが来たなんだろうこんな時間に…?
折れるまであと11話

退職を引きとめても仕方ない？

「ご相談したい事があるのでお時間いただけますか？」というような、要件が書いていない深刻な雰囲気のＤＭが来た場合、それは99％退職の話です。このＤＭを受け取った起業家はその瞬間から動悸が激しくなり、腹痛が始まり、体はしびれ、全身から血を噴き出し、直接話をするまで仕事が手につかなくなります。大抵の場合、このＤＭを送っている時点で心が決まっており、引き止めても効果がないことが多いため、日頃からメンバーと話したり様子を見たりして、不満を拾い上げていくようにしましょう。稼働時間が不安定になったり、コミュニケーションを避けがちになるほか、スラックの返事が遅くなったり、スタンプの量が減ってきたら退職に傾いている兆候です。

加えて、いわゆる優秀な人ほど「見切り」をつけるのが早く、その兆候もつかみづらいです。そうしたメンバーが辞めた場合、事業や他のメンバーのモチベーションにも強く影響します。起業家は雑に依頼しても良い形にしてくれる優秀な人に仕事を投げがちですが、その人を放置することは別の話なので、退職を防ぐためにも区別して考えましょう。

スタートアップは人の出入りも激しいため、悲しいことに辞められることに慣れていきます。その人の未来が良くなるためだと捉え、笑顔で送り出し、深刻に捉えすぎないことも重要です。（えい）

第90話

イヌさん 相談って…
…すいません 時間もらっちゃって …あの
…あの
人が増えてから …特に最近は 色々ハード じゃないですか
前回は大丈夫でしたが 今は楽しさより… 辛さが…勝っていて… 気持ち的に ついていけなく なってきていて…
えっ!? まさか…
待って待って待って うそうそうそうそ
申し訳ないです これ以上働けません 今月末で…
辞めさせてください

折れるまであと10話

イヌさんからの見え方

すべてがうまくいかなくなった

どうしてこうなっちゃったんだろう？　ウサギさんには、ただただ申し訳ない気持ちでいっぱいでした。こんな形で別れを告げるのは本当に苦しかったです。メンバー間のコミュニケーション齟齬による衝突や、低クオリティの成果物。二人でモノづくりをしていた時には保たれていた文化や共通概念が、もろくも崩れ去っていく様を日々見続けました。

振り返ってみると、すべては自分の力不足だったのだと感じます。創業期メンバーとしては組織づくりの観点で、エンジニアとしてはチーム開発に必要なスキルやノウハウが圧倒的に足りていませんでした。何もかもがうまく回らず、最終的には自分のパフォーマンスまで落ちる始末です。精神的にも肉体的にも限界を迎え、ついには退職する旨を伝える形となってしまいました……。心の余裕がなくなるとまわりの物事に目が行かなくなり、自分のことばかり考えてしまうものです。

スタートアップではほんの些細な不和が組織崩壊に繋がります。こと採用においては、スキルよりもマインドセット、ミッション・ビジョン・バリューや組織カルチャーへの共感などを重視すべきかもしれません。成功している組織やチームは、この歪みにいち早く気付き、これらの要素を満たすべく日々努力していることでしょう。

第91話

深夜
イヌさん…
結局引き止める事は
できなかった……
どうしたら
良かったんだろう
考えが
まとまらない
寝ないと…
明日もあるし…
プシュ
折れるまであと9話

ハードシングスはメンタルにくる？

起業家は長時間ストレスフルに働き、プレッシャーを抱え続けることになるため、体以上にメンタルにダメージを受けます。社員や投資家の前ではポジティブに振る舞う必要があるため相談できず、働き続けていて休みも取りづらいことから、ストレスを抱え込んでしまいがちです。ハードシングスとよばれる困難の連続は、確実に心身に影響をきたします。

実際、カリフォルニア大学の研究では、創業者は鬱になる確率が2倍、双極性障害になる確率が10倍高いなど、メンタルを崩しやすいというデータが提示されています[2,3]。メンタルが崩れると思考が鈍り、パフォーマンスが落ちるという点もありますが、それ以上に起業家の健康にとって良くありません。意識的に休みを取りつつ、不調に気づいたら絶対に無理はせず、早めに既存投資家や専門家に頼りましょう。無理して働き続けてもパフォーマンスは鈍る一方ですし、社員のメンタルにも影響してしまう可能性もあるため、百害あって一利なしです。絶対に、絶対に休むようにしてください。

マンガ的には、前話のようなキツめの「下げ回」直後は小休止として事件が起きない回を入れるようにしていたのですが、ツイッターの反応を見ると意外とグサグサ刺さっていて申し訳なかった回です。

（えい）

2 https://coralcap.co/2021/11/mental-health-for-ceos/
3 https://forbesjapan.com/articles/detail/42432/2/1/1

第92話

イヌ離脱から3ケ月後
ニワトリさんも辞めちゃった…
これで残りは僕とキツネさんとリスさんだけ…
アプリの売上も下がってるお金はあと3か月分しかない
プロダクトはちゃんと出せる状態になるまで最低でもあと半年はかかる
…人の役に立つ事がしたかっただけなのになんでこんな思いをしなきゃいけないんだろ
でも…
この会社は僕が作って僕が考えた事業を僕が集めたメンバーがやっているんだからこの状況は全部僕のせいなんだ…
うう…人のせいにできたら楽なのに…
折れるまであと8話

人のせいにできない？

ウサギさんの言うように、スタートアップでの出来事は良いことも悪いこともすべて代表者に責任があります。仮に社員が社内外巻き込んだ大問題を起こしたとしても、その人を入社させ、問題が発生する環境にしたのは起業家ですし、その状況をリカバリーする責任も起業家にあります。

個人的には、この「人のせいにできない」ことが、精神的なきつさの主要因の一つだと思っています。普通の会社で問題が起こったとしても、「上司が全然情報をくれないから」「メンバーが仕事を終わらせていないから」など、自分だけが問題の原因ではないと考えることができますが、起業家の場合はそれができないため、問題が発生するたびに自責の念に駆られます。しかも、スタートアップで発生する問題の量は普通の会社の比ではありません……想像するだけで恐ろしいですね。

特に責任感の強いタイプの起業家の場合、会社と自分を同一視しがちです。会社の業績がうまくいっていないと、会社をその状態にしてしまった自分は会社と同じように価値がない人間なんだと考えてしまいます。冷静に考えれば当然そんなことはないのですが、当事者になるとなかなかそうポジティブには考えられないんですよね……。ストレスをうまくコントロールするために、やるべきことをやる。そして適切な休みをとることが会社や自身にとっても何より重要です。

（えい）

第93話

折れるまであと7話

起業家はずっと全部の仕事をする人でいるべき?

マンガのような状況になってしまったのはひとえに、ウサギさんが仕事を抱え込みすぎて起業家がやるべき仕事をおろそかにしていたからと言えるでしょう。

第23話の解説にある通り、CEOは事業からバックオフィスまで何でも全部こなすことになりますが、これは創業初期のみの話です。大企業の社長が社長業に加えて現場仕事やバックオフィス業務など全方位のタスクをこなしているイメージはないと思います。同様に、小さいままではなく非連続的に成長して会社を大きくしたいスタートアップの起業家も、会社や事業が成長していくにつれて「全部やる」をやめて、起業家以外ができる仕事は各分野の担当に権限委譲して任せ、起業家にしかできない仕事のみに集中できるよう、意識や体制を徐々に切り替えていく必要があります。

スタートアップの起業家がやるべき仕事は、会社の進む方向を決めること、それに必要な人やリソースを集めてプロダクト開発を先導することなどがあります。あらかじめ「役割はこの規模になったこう変えよう」とまで決めておく必要はないと思いますが、定期的に役割を変えるべきか、自分がすべき仕事は何なのかを考える時間を持つことをおすすめします。

(えい)

第94話

…という状態で正直もう限界近い…
うーん…
思い詰めた顔してるし1日だけでいいから休んだ方がいいよ
4年間一度も休んで無いでしょ？
プロダクトや事業の事はわからないけど…ずっとやって来たんだから絶対にうまくいくよ！
…うん
そうだねありがとう
1日休んで…もうちょっと頑張ってみる
うん応援してる！
折れるまであと6話

友人、家族が支えになってくれる？

起業家仲間の解説でも触れましたが、利害関係のない友達や家族の存在は起業家にとってものすごく重要です。生活のほとんどの時間を会社に使う起業家にとって、そこから完全に離れて他愛もない話をできる相手というのはそうそういないため、その存在自体が大きな支えになります。

普段目を血走らせながらやれ数字がどうだ社内の問題がどうだと話している中、半強制的にそこから引き剥がしてもらえるという面もあり、そういった関係は大事にすべきです。

ただし、仕事から離れた関係ということは、反対に仕事の辛さをわかってもらうのが難しいことでもあります。「わかってもらえない！」と逆にフラストレーションを感じ、ストレスをぶつけてしまうこともあり得ます。言うまでもなくダメなことなので、絶対にやめてください。また、そうした感情や行動を伴ってしまう場合には、そうした事実から自分を見失っているその状態に気づき、見つめ直すことがプライベートや仕事の両方を充実させるためにとても重要です。

（えい）

第95話

休日
お休みとったけど出かけるお金はないし…今のうちに寝溜めしよう
…
そうだ時間あるし資金繰り再確認しよ…
違う違う今日は寝るんだった
そうだリスさんとキツネさんにS○ack返さないと…
折れるまであと5話

休みたくても休めない？

起業家はやるべき仕事が無限にあるため、仮に休日を作ったとしても、完全に休むと進捗はゼロです。しかし動けばその分進みますし、何かしないと成功できない、置いていかれるという漠然とした不安があるため、ウサギさんのように結局ずっと仕事をしてしまいがちです。気持ちはすごくわかるのですが、何度も触れている通りやはり休むと決めた日はきっちり休みましょう！　体調を整え、万全のアウトプットを出せる状態を保つことも起業家の仕事の内です。

休むことで社員や投資家に対して罪悪感を持ってしまう場合、素直にその人達にその旨を相談すると良いでしょう。周りを見ていても、僕自身の経験としても、そういう時に「うるせえ働け！」と言われることはほぼありません。「いいから休んでください！」と返事がもらえるはずです。

それでもどうしても休めないという場合、うつなどのメンタルの不調を考えるべきです。第91話の解説にある通り、起業家はそうでない人よりもメンタルを崩しやすいため、繰り返しになりますが少しでも不調を感じたら専門家に相談しましょう。ちなみに、この回をツイッターに載せたのがたまたま日曜日だったため、意図せずリアルな話になりました。「サウナいけ！」というレスが多く、「本当にスタートアップ界隈でサウナ流行ってるんだな……！」と思いました。サウナ行きましょう。（えい）

第96話

ちょっと休んで頭回るようになって気づいたけど…
そういえば今回VCに出資の相談してない事業も前と違うし…回ってみよう
後日 ねこねこVC
NFTには興味があるので…リリース後にお話したいです！
とりモバイルベンチャーズ
既に一度投資入っているので…このラウンドは実績が見えてからにしましょう
夜
やっぱり数字がないとだな…そしたら…プラットフォームはまだ無理だけど…NFTの方中途半端でもひとまず出そうそれで売上作れるし…その実績を元に調達もできるはず！
折れるまであと4話

ひとまずリリースしてみるって良いの？

ウサギさんは今回の出資相談においても、第36話で相談して回った数字を求めるタイプのＶＣ数社としか話していないので、結局また同じように「実績がないと……」と考えてしまっています。状況が変わっていないのであれば当然同じ反応が返ってくるため、定期的にコンタクトは取るべきですが、勇み足にならないようにしましょう。

なお、作り込まずに中途半端でも良いから、とりあえずリリースしてみようという考え自体は悪くありません。資金調達のために実績を作る以外にも、ニーズの検証、方向性の確認、売上の確保、自分やメンバーのモメンタム改善などが一気にできるためです。同じ理由で、創業直後の進め方もＭＶＰでニーズを確認した後すぐに完璧に作り込んでからリリースするのではなく、「足りないところだらけだけど最低限の機能はある」段階でリリースする手順を踏むべきです。

ウサギさんは本来もっと前にニーズの存在を確認すべきだったとはいえ、進退窮まってきた中で、ガラッと方針を変えるのは難しいことです。固執せず柔軟に切り替えられた方が良いということを頭の片隅に置いておくと、実際に困難に直面した時に対応しやすいかもしれません。

（えい）

第97話

はい ありがとう ございました
ピク
やっぱり 金融公庫も四桁万円 融資してる状態で 追加は無理か…
NFTの方だけ 最小限で出すとしても それでもお金足りない
メンバーの 給与未払いだけは 絶対に避けたいし…
ひとまず役員報酬を 0円にして…
また私物を 売ってお金作ろう
…
…売る？
NFTに興味を 持って…
買収してくれる 企業があるかも!?
折れるまであと3話

キャッシュのために身銭を切るってアリ？

投資や融資による資金調達は難しいけどお金は必要という状況の場合、会社を一旦休眠状態にしてそもそもお金が必要ない状態にするか、なんとかしてお金を用意するかのどちらかの対応が必要になります。ウサギさんのように役員報酬を下げて私物を売ると、その月はなんとかなるのですが、すぐにまたお金が必要な状態に戻るため、何度も使える手ではありません。あくまで一時しのぎでしかないので、これ頼りで計画を組むのは危険だと考えましょう。

また、お金を工面するために会社の資金をパチンコやＦＸに突っ込み、それで増やそうとする例も数社見たことがあります。絶対にやるべきではないです。しかし、そういう時には「それが正道だ！」と考えるくらい追い込まれるため、気持ちはすごくわかります。

言うまでもないですが、社員の給与を未払いにして出費を抑える対応は絶対にＮＧです。そもそも違法行為ですし、一発で信頼関係が崩れるため、絶対にしてはいけません。

ちなみに、社員が退職するとダメージが大きいですが、支払う給与や社会保険が減るため、キャッシュフローは改善します。そのため、切羽詰まった状況で社員が辞めると、悲しい気持ちと、ランウェイが伸びて助かったという気持ち、どちらの面もある複雑な感情になります……。（えい）

第98話

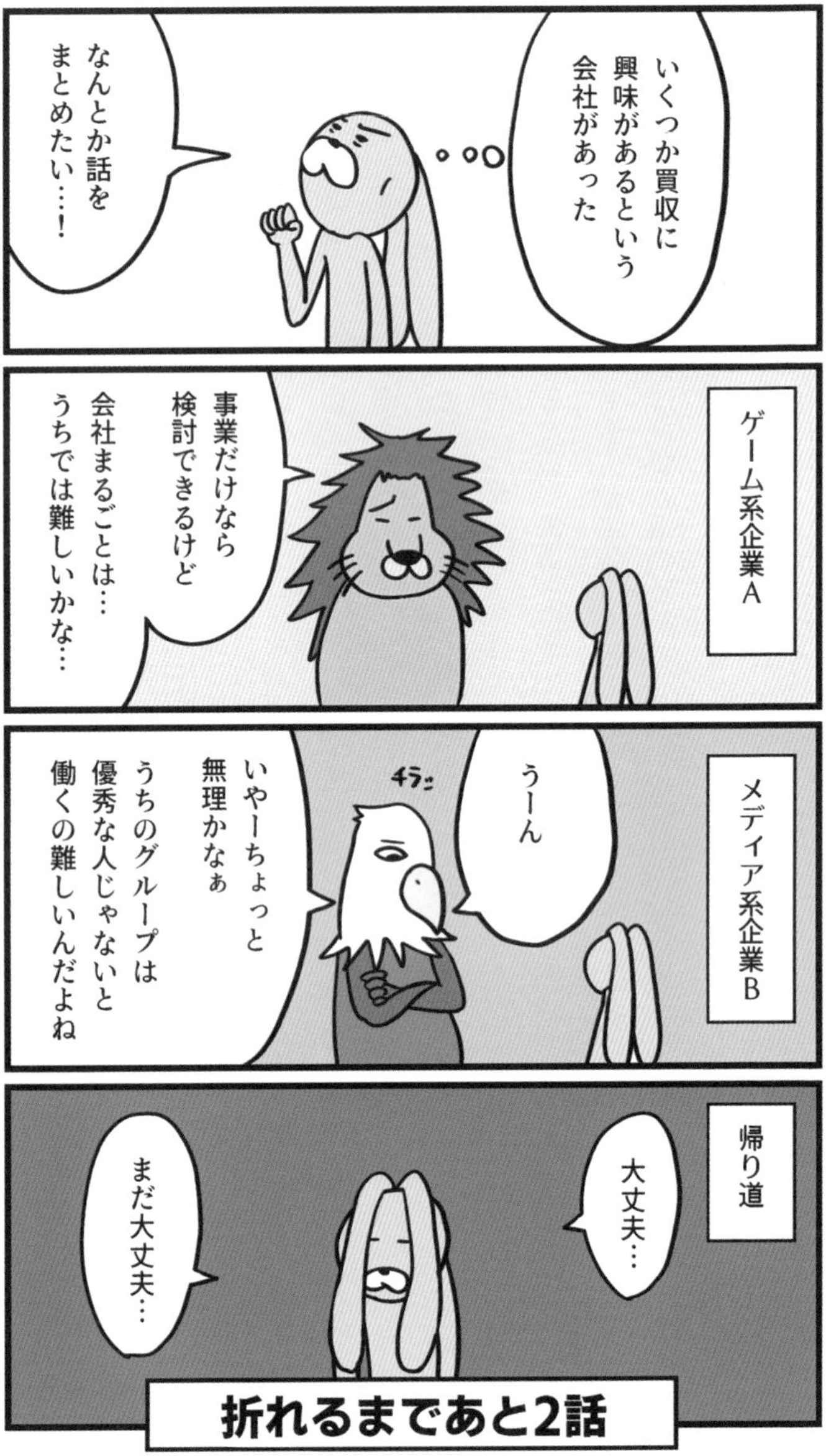
いくつか買収に興味があるという会社があった
なんとか話をまとめたい…！
ゲーム系企業A
事業だけなら検討できるけど会社まるごとは…うちでは難しいかな…
メディア系企業B
うーん
チラッ
いやーちょっと無理かなぁ
うちのグループは優秀な人じゃないと働くの難しいんだよね
帰り道
大丈夫…
まだ大丈夫…
折れるまであと2話

売却するにはどうすれば良い？

売却、つまり会社の株を他の会社などに売り、以降は子会社として活動していく動きのことですが、売却先の事業と自社の事業にシナジーがあると、よりも大きなサービスへ成長できる可能性がありますし、買収側はそれを期待していることも多いです。ただ、当然ながら買収側は買った金額より大きいリターンが得られることを期待して買収するので、ウサギさんのように「うちの会社を買うとあなたの会社にとってこうしたメリットがある」といった明確なロジックなしに、「買ってもらえたらいいな」という気持ちだけで動くと売却は難しいでしょう。

ちなみに売却にも、会社ではなくサービスだけの売却や、サービスはすべて止めて会社（と在籍している社員）だけ売却する、買収側の採用活動としての売却などもあります。売却を目指すのかIPOを目指すのかは創業者次第ですが、なんとなく決めず、創業時にしっかり検討しておきましょう。

（えい）

用語

M&A……Mergers and Acquisitionsの略で、企業買収のことを指します。「企業XがスタートアップZをM&Aした」といった場合、企業XがZを買収したということになります。

第99話

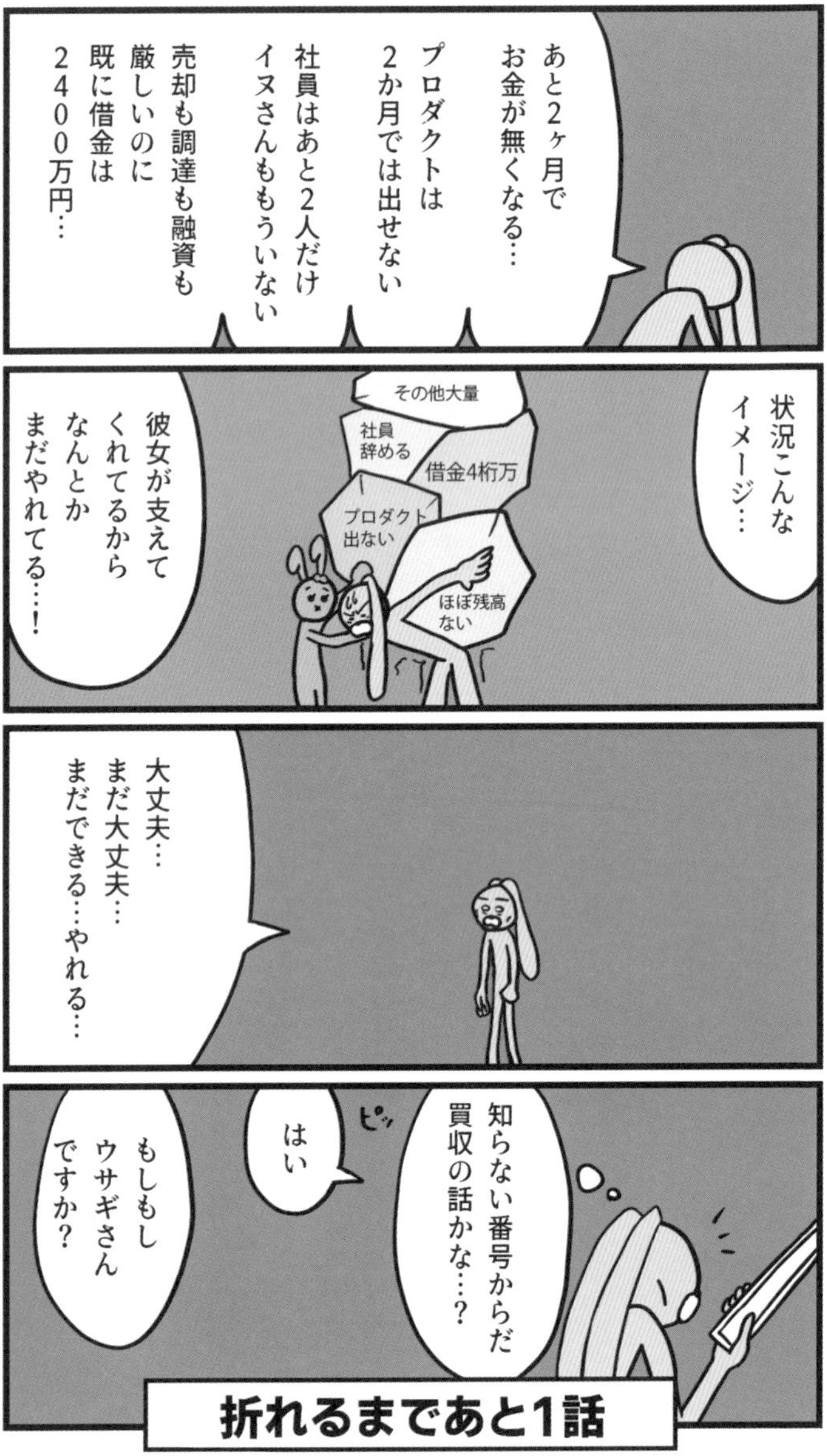

あと2ヶ月で お金が無くなる…
プロダクトは 2か月では出せない
社員はあと2人だけ イヌさんももういない
売却も調達も融資も 厳しいのに 既に借金は 2400万円…
状況こんな イメージ…
その他大量
社員 辞める
借金4桁万
プロダクト 出ない
ほぼ残高 ない
彼女が支えて くれてるから なんとか まだやれてる…！
大丈夫… まだ大丈夫… まだできる…やれる…
知らない番号からだ 買収の話かな…？
ピッ
はい
もしもし ウサギさん ですか？
折れるまであと1話

手詰まり感で先が見えなくなる?

当初の「スタートアップやりたい!」が、「まだやれる」になっていて、いよいよ極まってきている感があります。例えば、社員全員に辞めてもらってユーティリティアプリからの売上を少しずつでも貯めて資金を作り、準備できたら再始動するなど、この状況でも取れる選択肢はたくさんあります。ただこのくらい手詰まり感が極まってくると、余裕がなくなって視野が極端に狭くなり、選択肢がないと考えてしまいます。というか、そうなります。極限状態で最適な選択肢を取り続けることはかなり難しいため、調子の良い時にあらかじめ「このラインを切ったらこうする」といったアクションプランを作っておくと良いでしょう。もしくは、自分がヤバい状態かどうか定期的に振り返るタスクをスケジュールに組み込んでおき、危険な兆候を感じたらすぐにリカバリーしましょう。

ちなみに僕がこの状態に陥った時は、売上が立つプロダクトがもう少しでリリースできるという状況でした。なので、「リリースさえ……」、リリースさえできれば……!」と第二形態のセルのようなことを考えてました。今になって考えれば、「リリース直後になぜかドカンと売れてたくさん売上が入りすべてうまくいく!」というのは楽観的というか、あまりにも現実が見えていませんでしたが、当時はそれしかないと考えていて、お手本のような視野狭窄になっていました。

（えいい）

第100話

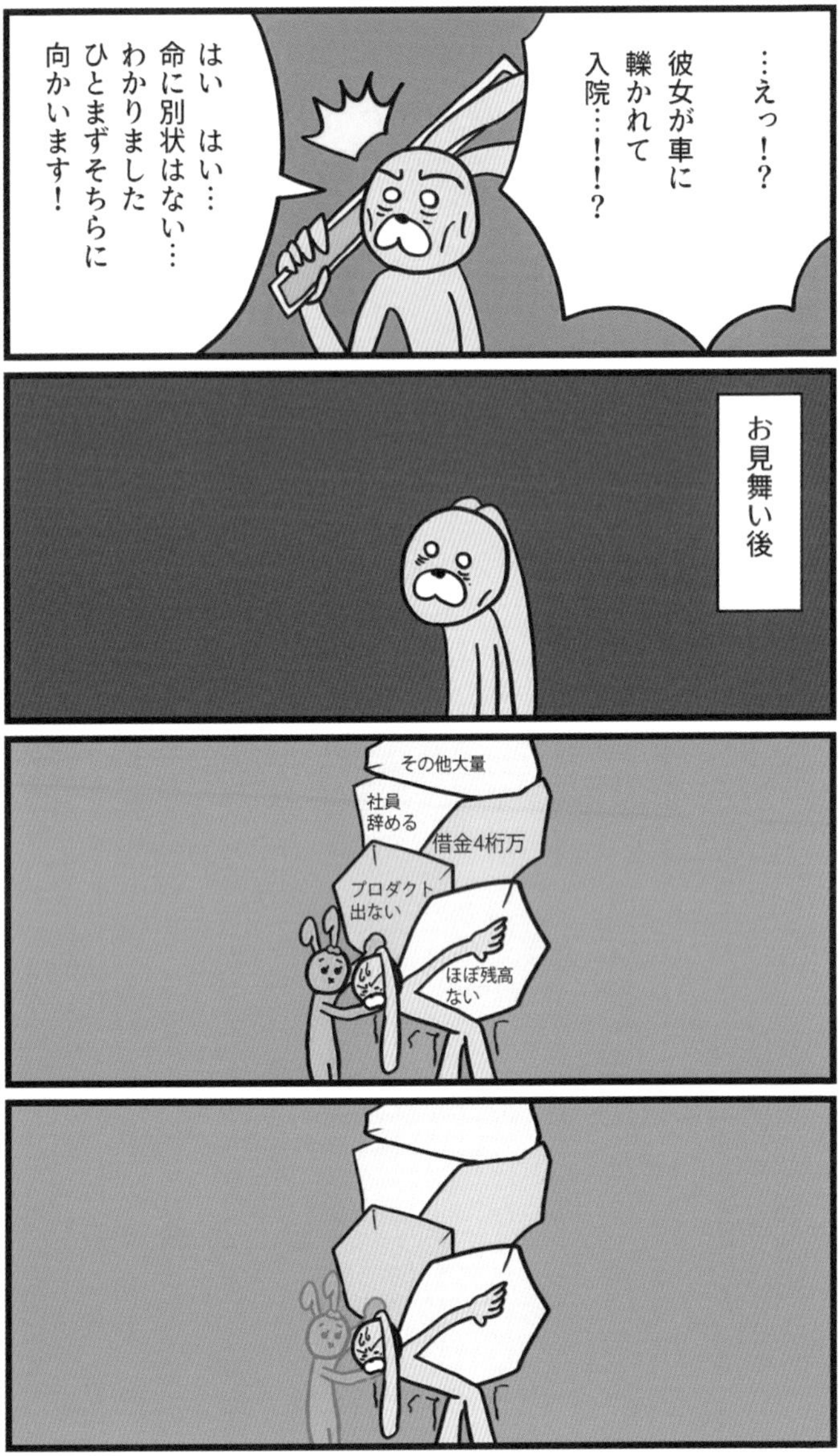
…えっ!? 彼女が車に 轢かれて 入院…!!?
はい　はい… 命に別状はない… わかりました ひとまずそちらに 向かいます!
お見舞い後
その他大量
社員 辞める
借金4桁万
プロダクト 出ない
ほぼ残高 ない

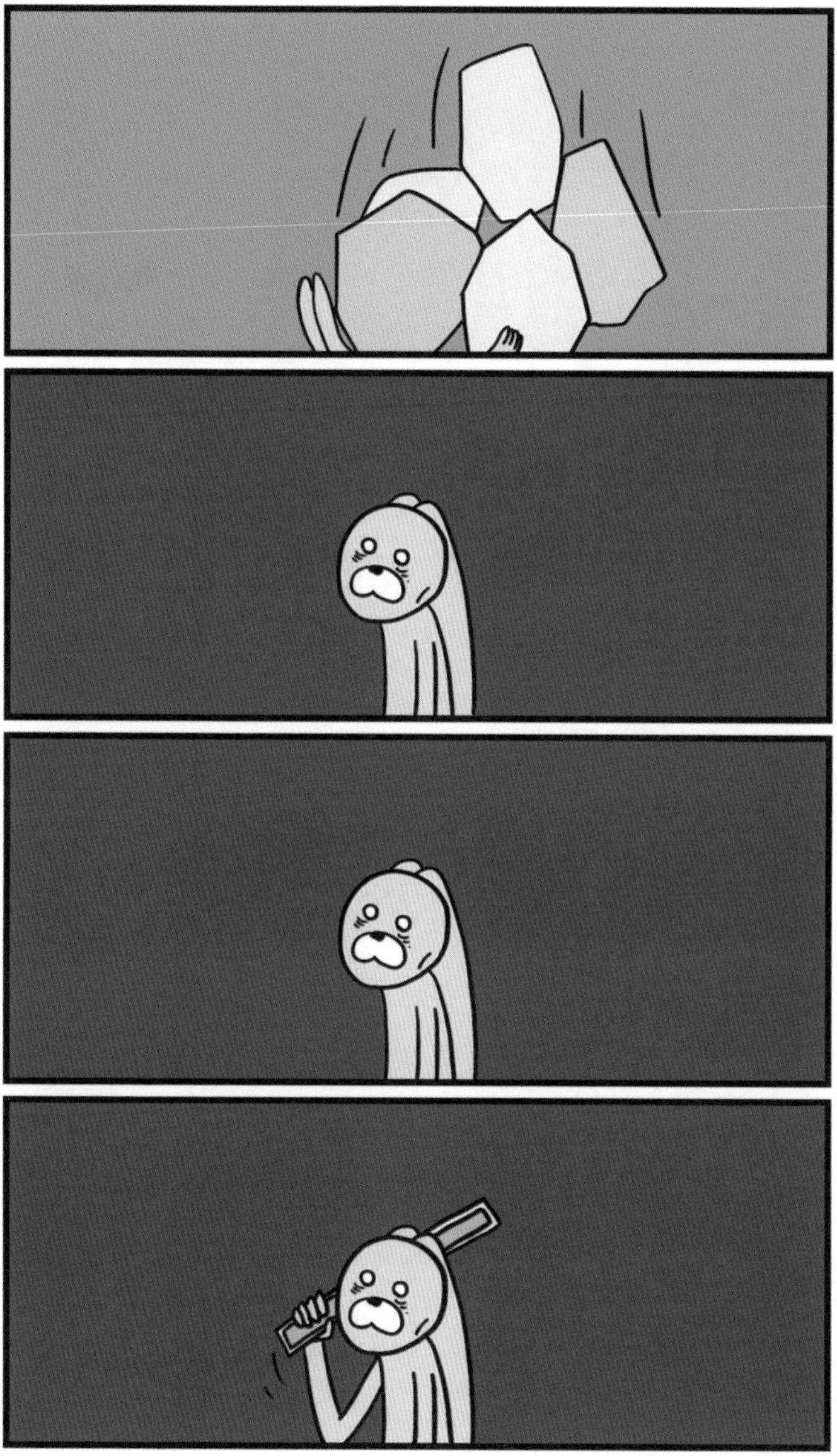

第100話

第101話

心折れてから半年後
オウルオウル社 CEO フクロウ
なるほど 4年間 スタートアップの代表をしていたと
はい
…結局全然ダメでしたが
…一つ個人的に伺いたいのですが
さきほどお伺いした概要だけでもかなりキツそうで…もう二度と経験したくない事だと思うのですが
なぜまた同じような…創業期の5人もいないスタートアップであるうちの面接に？
確かに…
そうですね
酷い時は本当に…
本当に酷かったです ただ…

それでも…
楽しい時は本当に
楽しくて…
それに…
失敗はしましたが…
それでもウサコアの
時と変わらず
人の役に立つために
働きたくて
ぼく個人の性質とか
他にも色々
理由はあるのですが…
やっぱり僕は
スタートアップに
戻るべきというか…
戻りたいと
思いました
なるほど…
それでパンダさんから
うちを紹介された
わけですね
はい
事業が好きなのと
モノに対する考え方も
近そうだったので
でも…やっぱり
成果出せなかった
元創業者って
役に立たないし
必要ないですよね
そんな事は
ないです！

第101話

責任重い仕事に
超ハードに
挑戦していたぶん
経験値やスキルが
めちゃくちゃ増えた
人ですよね!?
それ続ける覚悟と
意思を持ってる人
ですよね？
それは…
そう言われれば
そうですが…
結果がどうあれ…
ウサギさん含めて
本気でやって失敗した
起業家がその後
無価値になるなんて…
そんなことは
絶対にないですよ！
！
よければぜひ…
うちでその
経験やスキルや
気持ちを活かして…
COOとして
一緒に人の役に
立つための事業に
挑戦しませんか？
…はい！
オウルオウル 上場まであと3年

スタートアップが死んだら人生もおしまい？

スタートアップを経営していると、会社や事業についての問題には徐々に耐性ができていきます。問題は発生するものだということを身をもって理解するようになるので、たとえトラブルが起きても「そういうものだ」と受け止めることができます。しかし、プライベートなどの予期していない方向で発生すると、受け止めきれずに大きなダメージを受けます。場合によっては、ウサギさんのように心が折れてしまうきっかけになりかねません。とはいえ、全方位に対して身構えておく、というのも現実的ではないため、何度もお伝えしてきた通り、モメンタムの維持向上、適度な休息による心身の疲労回復などで予測できる問題への対策をした上で、最終的には心折れないようどれだけ踏ん張れるかという、ノウハウや方法論を超えた領域の話になります。踏ん張りましょう。

ただし、そこで心折れたらその起業家の人生は失敗で、価値のない人間なのかというと、フクロウさんの言う通り、まったく、絶対にそんなことはありません。長時間ハードに責任持って何でもしてきたスキルや経験値は非常に高くなっています。就職しても十分に活躍できるはずですし、ウサギさんのように失敗した起業家を別のスタートアップが迎え入れる例も結構な頻度で聞きます。つまりイメージされるよりも起業のリスクは高くありません。ぜひ挑戦してください！

（えい）

コラム

100話で終わらないスタートアップ

このマンガはスタートアップを批判したいのではなく、起業して欲しい、防御力を高めて成功率上げて欲しいと考えて始めたものなので、心折れて終わりではなく、101話で希望のある終わり方にすることは最初から決めていました。

100話の後に「明日も更新あります」とツイートしたところ、「100話で心は折れるけど、100話で終わるとは言ってなかった!」という狙い通りの反応をたくさんいただき、画面の前でニヤニヤしていました。

100話は「あぁ…つらい…」といったネガティブなリアクションがほとんどでしたが、逆に101話ではポジティブなものが大半で、その反応をいただけたことで「途中で止めずに書ききってよかった…!」と強く感じました。感謝しかありません。

ちなみに、最後に心折れる理由を「彼女がイヌさんやトカゲさんと浮気していたことがわかったから」と予想している人がそこそこいました。人の心はないんですか!?

第５章

その後

第102話

株式会社 オウルオウル
というわけで ウサギさんが 入社されました！
よろしく お願いします！
メールに 各サービスへの 招待届いてると 思うので まずそれらの確認を お願いします
了解です！
1時間後
各サービスの アカウント準備 終わりました！
わかりました …ちょっと今から 出ちゃうので やれる事見つけて 進めて欲しいです！
初日から ザクっと始まるの うちだけじゃ なかったんだ…！
よしまずは 共有されてる ファイル一通り 目を通して いこうかな
えーと…
オウルオウル退職まであと9話

第103話

この後だけど…前言ってたように会社自体はもう少し残すんだよね?

はい 残ってくれていたメンバーには説明して謝って会社都合で退職にしてもらっていて…

ユーティリティアプリの売上はまだ出てるのでそれで借入金返してから終わらせようと思います
うん 僕もそれが良いと思う
フクロウさんとはどう?

めっちゃ良くしてもらってます
結果ダメだったのに紹介までもらって なんと言ったらいいか…!

気にしないでフクロウさんと相性良いと思ったしそれに…

それで会社がうまくいったら僕にもプラスがあるしね!

…はい!

オウルオウル退職まであと8話

第104話

旧ウサコアオフィス
確認できました
では鍵を
お預かりします
はい
…確かに
これで
ご解約完了です
ありがとう
ございます！
では出ましょう
ここでも色々
あったな…
もう来ることは
無いのか…
…
…長い間
お世話に
なりました
バタン
オウルオウル退職まであと7話

第105話

ウサギさん！
お願いしてたタスクもう準備できたんですね
あ　はい
サクッといけたので次のタスクもほぼ終わってます
！
ウサギさん　めちゃくちゃ仕事早いですね…！
えっ？
…言われてみるとウサコアのときは考えまとまらない事多かったけど…
今は頭がやけにクリアになっててパフォーマンス上がってる実感ある
たぶんお金とかメンバーとか不安ごとが一気に減ったからだな
不安ごとがないとこんなに変わるとは…！
オウルオウル退職まであと6話

第106話

入社して一ヶ月後
次ウサギさん
1on1で面談
やりましょう！
はい！
入社してもう
1ヶ月経ちますね
もう慣れましたか？
はい
良い感じで進めてます
仕事で今
困っていることは
ありますか？
いえ全く！
めっちゃ楽しいです！
…
…
面談終了後
ふぅ…
フクロウさん
全員と定期的に
1on1してるんだな
…振り返ると
前は全然メンバーの事
見て無かったんだな…
今度はきちんと
みんなと
話をしよう
…？
…こんど？
オウルオウル退職まであと5話

第107話

給料日
あれ?
個人の口座に給与が振り込まれてる
あれ?振り込んだっけ?
??
…あ　そうか!
ウサコアじゃないからもう僕が給与を振り込む必要はないのか!
…!
…ということは口座からお金減らずに増えるだけ…ってコト!?
すごい…!給料日すごい…!
今まで給料日って会社の残高が一気に減る憂鬱な日だったから新鮮な感覚だ…!
…きちんと成果を出せるよう頑張ろう!
オウルオウル退職まであと4話

第108話

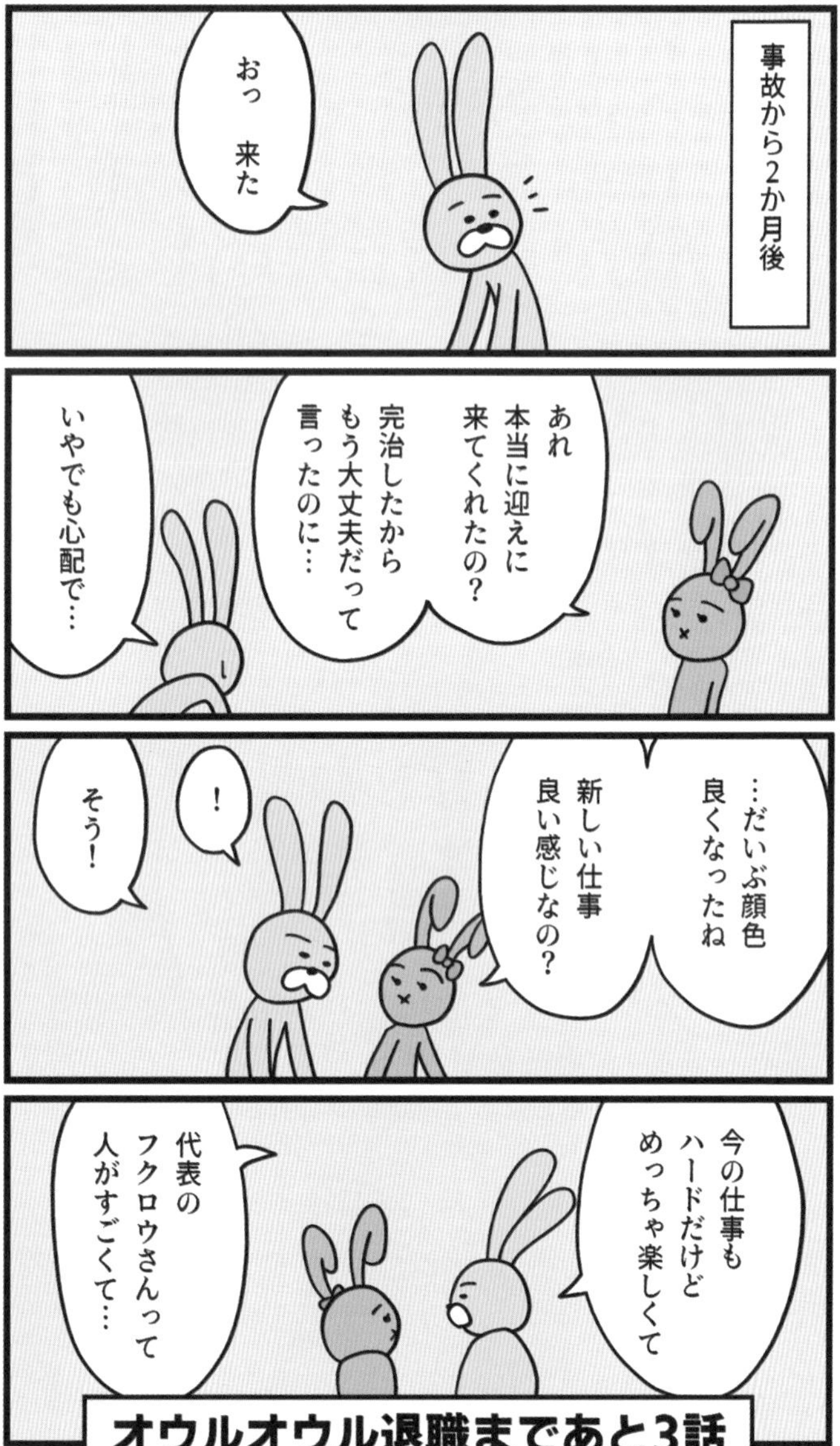

オウルオウル退職まであと3話

第109話

Bar Bubble
…何飲みます？
あ…じゃあビールで
…今はなにを？
今はまたスタートアップでエンジニアを…
二時間後
キツい時に抜けちゃって本当申し訳ないです！
いえ！今改めて考えると問題ばっかりで…辞めて当然だと思いますし…
そう言ってもらえると助かります…！
…あそろそろ終電が…
そしたらお店出ましょうか
…
また今度…
はい！また次も誘ってください！
…はい！
オウルオウル退職まであと2話

第110話

メガベンチャーA
今からエンジニアの面接やるから同席してくれる?
あ　はい
お待たせしました よろしくお願いします
早速ですが軽い自己紹介と
前職で何をやっていたか教えてください
はい
トカゲと言います
前職はウサコアという会社でサーバーエンジニアをしてました
…
えっ
えっ
オウルオウル退職まであと1話

第111話

オウルオウル社
上場から2年後
ウサギさん！
相談って…？
フクロウさん！
…今日で上場して
2年になりますね
そうですね
色々ありました
…
やっぱり…
辞めるんですね
…はい

第111話

2年経って会社も
落ち着きましたし
少し前から
決めていたので
…わかりました
…本当にお世話に
なりました！
…寂しくなりますね
次に何をするか
もう決まって
いるんですか？
はい！
次は…
また起業します！

特別寄稿

『１００話で心が折れるスタートアップ』を読んで

点と点を線でつなげるか

けんすう

この「１００話で心が折れるスタートアップ」は、タイトルの通り、１００話をかけて、スタートアップ起業をした若者が、心が折れてしまい、諦めるところまでを描いた話です。スタートアップという、起業などに興味がない人にとっては、なかなか想像しづらい環境を、生々しく描いたことで話題になりました。

この企画の元ネタは、大ブームを起こした「１００日後に死ぬワニ」であることは言うまでもありません。１００日後に死ぬワニをご存知でない方のために簡単に説明すると、「１００日後に死んでしまうワニくんの、何気ない日常を描いた、ＳＮＳで連載された４コマ作品」です。この日常の先に、どのようにワニくんが死んでしまうのか、というところが注目のポイントであり、ツイッターで固唾を飲んで多くのユーザーが見守っていました。

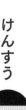

本作である「100話で心が折れるスタートアップ」は、そのテンプレートを忠実に踏襲しつつ、新たな要素を付け加えたことが特徴です。それは「物語を通した起業のハウツー」であり「起業家からすると、一言言いたくなる内容」であることです。

起業したときに起こるさまざまなトラブルを物語形式で伝えたものとしては『成功者の告白』（神田昌典、講談社）が有名です。起業で起こる出来事を小説形式で追体験することで、事前に学ぶことができる名著です。本作も、現代のスタートアップのリアルに近い形の内容になっており、これから起業を目指す人が参考にしたり、起業家があるあるネタとして楽しめる中身になっています。

また、一言言いたくなる、という要素が本作をさらに充実したハウツーコンテンツにさせている面にも注目です。多くの起業家が「これはよくある」とか「心が痛い」と投稿したり、逆に「ウサギさんのこの行動は間違っている」「こんなので心折れるのはぬるすぎる」などの反応をしていました。これらの起業家による投稿も併せて読むことで、さまざまな起業の体験談や知見を知ることができるようになっています。

あらゆる行動が「点」だった

さて、実際の起業家の立場からしてみるとこの作品の内容はどのように感じるのか、という点にも言及していきたいと思います。申し遅れましたが、この説明文を書いている筆者も、スタートアップ起業家であり、現在3社目を経営している連続起業家です。

1社目も2社目もイグジット、筆者の場合は両方とも有名企業にM&Aされていますので、その意味では成功しているともいえますし、だからといって、多くの人に知られたサービスを作れていないという点で、まだ実績としてはまったく大したことないとも言えます。ウサギさんと大差ありません。一方で、イグジットで得た資金の多くをスタートアップ起業にエンジェル投資家として50社以上に出資をしているので、さまざまなスタートアップを近い距離で見ていたりもします。

さらに筆者は本作に親近感を覚える経歴を持っています。たとえば、2社目の時にはメディアを運営しており、3社目の今では、漫画に関わるサービスを創ったり、NFTに関わる事業をやっているからです。また、ヘビーなツイッターユーザーでもあります。

そういった意味でも、漫画という形で、キュレーションメディアやNFTに関しての起業の物語をツイッターで読めるというものは、筆者にとってはあまりに身近なコンテンツでした。あまりに近いのでいろいろ言いたくなってしまうため、見るのをなるべく控えてたくらいです。

そんな起業家の立場からみると、たとえば、初期の創業メンバーを、採用すべき人ではなく、採用できる人を集めてしまったり、資本力がないのに事業アンケートに100万円使ってしまったりなど、突っ込みたくなるポイントが山程あります。ヘビーユーザーの意見を聞きすぎてしまったり、巨大なプロジェクトを同時に2つ立ち上げて、採用も加速させてしまったり。いわゆる「アンチパターン（かならず悪い結果になる、すべきではない方法）」と呼べることをたくさんしてしまっているのですね。

しかし、一番重要なことは、あらゆる行動が「点」になってしまっていることです。ウサギさんの行動は、誰かから言われたことをそのまま鵜呑みにしてしまったり、一つひとつは間違っていない行動をしているけど、線で見た時にイマイチ、という状況なのです。

実は、上記であげたアンチパターンも、点で見ると間違いかどうかはわかりません。たとえば、フェイスブックの創業メンバーなどは、寮で一緒だった親しい友人だったりしますし、事業アイデアを選ぶのにしっかりとコストをかけることで、適切な市場を選べた会社もあります。みんなの意見ではなくて、たった一人のヘビーユーザーに向けてのみサービスを作ることで、深い課題解決をできているサービスもありますし、一気に人を集めて、巨大なプロジェクトを同時に成功させて市場を制圧する会社もあります。

もしかしたら、ウサギさんは「点では正しいことをやっているが、線で見たときには、ちぐはぐなことをしてたから失敗した」とも言えるかもしれません。メディアで成功しつつも失敗したときに、次はアプリでツールを作るというのは、まったく前の反省や知見を活かせていないわけです。さらに、アプリで一定の収益をあげて黒字化したにも関わらず、その資産を活かさずに次のNFTプロジェクトをはじめてしまっています。

もちろん、起業ではいきあたりばったりで対応せざるを得なかったり、今やっていることとはまったく別の事業をやるべきタイミングもあります。しかし優秀な起業家は、そこに無理やりでも「線」を見出すのです。

スティーブ・ジョブズはこれを「Connecting the dots」と呼びました。将来を見据えて点をおくことはできなくても、点と点がつながることを信じなければいけない、ということを、かの有名なスタンフォードの卒業式スピーチで述べています。

無理やりでもいいから、線でつなげようとすると「メディアで培ったユーザーにわかりやすく説明する力と、アプリ開発の知見を使って、最もわかりやすいNFTのマーケットプレイスをまず作ろう」などとなります。一見ウサギさんの案と変わらなく見えるかもしれませんが、わかりやすさ、というオリジナリティが生まれるわけです。

無理やり線にする

起業で大事なこととして、「創業者が本当に解決したい課題である」ということや、「強いミッションを持っている」などがよく言われます。もちろん、これらが大事なケースもありますが、周りを見ていると創業時に強い想いや原体験、ミッションを持っている人は意外なほど少数です。持ってたとしても、お客さんにぶつけたときにニーズがなければ、事業は立ち上がらないからです。

成功する起業家に共通しているのは、ほぼ市場選定とタイミングです。よい市場を選び、よいタイミングで参入すると、起業家の実力とはさほど関係なくうまくいきますし、逆にダメな市場に優秀な人が参入しても、まったく成果がでなかったりします。

かといって、適切なタイミングを図ってその市場に入ることはかなり難しいともいえます。運の要素が大きすぎます。「ブロックチェーンやメタバースがこれから来る」というのは誰しもわかっても、それが1年後なのか3年後なのかは誰にもわかりませんし、予測つかないことが起きた時に、そのタイミングがずれたりします。

つまりは、自分の課題感やミッションから事業を創ってもお客さんが欲しいかどうかはわからない、それ以上に市場とタイミングが重要だが、それを測ることは不可能、という状態で事業を起こすのが起業家なのです。

こう見ると、もはや「成功する、しないは単なる運じゃない？」と言いたくなったりもしますが…。そんな中で、起業家は「それぞれの出来事の点と点を、無理やり線につなげて、強引に成功まで持っていく」というのが求められるのではないかと感じています。無理やり自分の土俵を創ってしまう、というイメージに近いでしょうか。

筆者も、あらゆる大量の失敗をしてきました。潰したサービスは100近いのではないかと思います。しかし、それらをすべて、「線」で説明することができます。そこに妥当性があるかはわかりませんが、自分の中では、あっちにいったりこっちにいったりしながら一つの線として成り立たせており、それがオリジナリティを生み出している、という感覚があります。

「点」でみた時のウサギさんは、超優秀だとは言えないものの、そこまで悪いものでもありません。しかしながら、「線」にしていく狂信的な部分が足りなかったのではないか、というのが筆者の仮説です。

そして、そんな線なき起業家の話が、「100話がそれぞれ独立した話でありながら、100話を続けることで、スタートアップで心が折れる起業家の話を描く」という形で表現されていることは、不思議な皮肉を感じておもしろいなと思っています。

本作は、起業の失敗が描かれた一つのハウツーとして読むのも良いと思いますし、ツイッターでみて、さまざまな起業家の反応も含めて読むのもよし、「こんな辛いこと絶対したくないな」と思いながら安全圏から楽しむのもよしだと思います。

おわりに

まず最後まで読んでいただいた読者の皆様、本当にありがとうございました！

また、ツイッター連載時にも読んでいただいた皆様、こうして本を出版する機会を提供していただいた担当編集の山地さん、解説を執筆いただいた佐々木さんとイヌさん、寄稿いただいたけんすうさん、ありがとうございました！

そして、スタートアップでの数年から本の執筆まで常に支えてくれた家族に感謝を（これ一回言ってみたかったので、夢が叶いました）。

マンガではネガティブな面を強調していますが、解説を読んでいただければ分かる通り、この本は「スタートアップはこんなにつらいから起業なんてしない方が良い」ではなく、「つらいことも多いけど、それでも備えてスタートアップに挑戦して欲しい」と考えてスタートしています。「はじめに」でも書いたとおり、スタートアップのほとんどが直面する問題とそれへの対策を事前にお伝えし、会社という面でも、気持ちという面でも防御力を高めてもらうことで、少しでも起業率、起業後の成功率が上がる結果につながると幸いです。
なお、スタートアップとして見ると、ウサコアは投資を受けられていますし、4年以上存続して、サービスをリリースし、ユーティリティアプリなどのヒットサービスも出せました。メンバーのクーデターや、横領や詐欺などの犯罪も起きていないため、これでもかなり順調に進んだ部類になります。資金調達やサービスリリースなど、スタートアップにとって嬉しいイベントが一切なく、芽が出る事なくネガティブなイベントだけを経験して消えていくスタートアップも少なくありません。

会社や事業がまったくダメだった場合、創業者やメンバー自身が自分たちも同じようにダメだと考えがちです。しかしフクロウさんの言うとおり、そんなことはまったくありません。長時間、責任が重たい仕事に本気で挑んだ場合、スキルも経験値も同世代の社会人と比べてだいぶと高くなり、市場価値はかなり上がっているはずです。ウサギさんのようにうまくいかなかった起業家が、他のスタートアップに入社して大活躍している例は頻繁に耳にしますし、就職に困ることも少ないでしょう。たとえ会社や事業を手ひどく失敗したとしても、あなたの人生が失敗したことにはならないことを覚えておいてください。そう考えると、スタートアップがきついことは否定できませんが、世間で言われている程のリスクはないでしょう！

スタートアップを起業した後もこの本を枕元に置いておき、問題に当たったらこの本を読み返すことをおすすめします。それでは解決しない場合は、遠慮せず周りの起業家や投資家に相談しましょう。同じ志を持った人には協力的な人が多いため、ほとんどの場合は何かしら助けてくれるはずです。僕のツイッター（@HeartBreakSU）にＤＭしていただいてもＯＫです！

それでは、今度は起業家の集まりでお会いしましょう！

２０２３年４月　えい

◎著者

えい

自身が学生起業した経験を元にTwitterにて100話で心折れるスタートアップを連載、ありがたいことに各所で話題にしてもらう。現在はまた新たにスタートアップを始めるために色々と準備中。
Twitter：@HeartBreakSU
解説担当：1～8、10、13～14、18～19、29～36、43、46、48～49、51、55、58～66、88～89、91～101話、用語

◎執筆者

佐々木 真

国際基督教大学を卒業後、スタディサプリの事業立ち上げなど複数社で数多くのプロダクト作りに関わり起業と事業売却を経験。現在はプロダクト開発を体系的に学べるオンラインスクール「PM School」と参加者1500名を超える日本最大級のプロダクト開発コミュニティ「PM Club」を立ち上げ、日本中にプロダクト開発の知見を広めるべく尽力中。
解説担当：9、11～12、15～17、21～28、37～42、44～45、50、52～54、56～57、67～71、73～87話

◎特別寄稿

けんすう（古川健介）

2006年にリクルート入社、2009年ハウツーサイトのnanapiを運営する株式会社ロケットスタートを創業。2014年からKDDIグループにM&Aされ、2018年アルを創業。

100話で心折れるスタートアップ

2023年５月10日　初版第1刷発行

著　者　　えい
©2023 Ei

発行者　　張 士洛
発行所　　日本能率協会マネジメントセンター
〒103-6009　東京都中央区日本橋2-7-1　東京日本橋タワー
TEL　03(6362)4339(編集)／03(6362)4558(販売)
FAX　03(3272)8127(販売・編集)
https://www.jmam.co.jp/
装　丁　　小口翔平＋畑中茜(tobufune)
本文DTP　杉本千夏(Isshiki)
印刷所　　シナノ書籍印刷株式会社
製本所　　株式会社新寿堂

本書の内容の一部または全部を無断で複写複製(コピー)することは、法律で認められた場合を除き、著作者および出版者の権利の侵害となりますので、あらかじめ小社あて許諾を求めてください。

978-4-8005-9105-0　C2034
落丁・乱丁はおとりかえします。
PRINTED IN JAPAN

JMAMの本

INSPIRED《インスパイアド》

熱狂させる製品を生み出すプロダクトマネジメント

マーティ・ケーガン 著

佐藤 真治 監修　関 満徳 監修　神月 謙一 訳

A5版384頁

Amazon, Apple, Google, Facebook, Netflix, Teslaなど、最新技術で市場をリードする企業の勢いが止まらない。はたして、かれらはどのようにして世界中の顧客が欲しがる製品を企画、開発、そして提供しているのか。本書はシリコンバレーで行われている「プロダクトマネジメント」の手法を紹介する。著者のマーティ・ケーガンは、成功する製品を開発するために「どのように組織を構成し、新しい製品を発見し、適切な顧客に届けるのか」を、具体的な例を交えながら詳細に説明する。

日本能率協会マネジメントセンター